改革开放进程中的经济学家学术自传

张卓元　高培勇　主编

林兆木学术自传

林兆木◎著

ACADEMIC AUTOBIOGRAPHY OF LIN ZHAOMU

SPM
南方出版传媒
广东经济出版社
·广州·

图书在版编目（CIP）数据

林兆木学术自传 / 林兆木著. —广州：广东经济出版社，2020.5

（改革开放进程中的经济学家学术自传）

ISBN 978-7-5454-6738-3

Ⅰ. ①林… Ⅱ. ①林… Ⅲ. ①林兆木—自传 ②经济学—文集 Ⅳ. ①K825.3②F-53

中国版本图书馆CIP数据核字(2019)第119431号

出 版 人：李 鹏
责任编辑：萧广华 温键键
责任校对：李玉娴 谢善德
责任技编：陆俊帆

林兆木学术自传
LINZHAOMU XUESHU ZIZHUAN
林兆木 著

出版发行	广东经济出版社（广州市环市东路水荫路11号11～12楼）
经销	全国新华书店
印刷	广东鹏腾宇文化创新有限公司 （珠海市高新区唐家湾镇科技九路88号10栋）
开本	787毫米×1092毫米 1/16
印张	13.75
字数	143 千字
版次	2020年5月第1版
印次	2020年5月第1次
书号	ISBN 978-7-5454-6738-3
定价	96.00元

广东经济出版社网址：http://www.gebook.com 微博：http://e.weibo.com/gebook
图书营销中心地址：广州市环市东路水荫路11号11楼
电话:(020)87393830 邮政编码:510075
如发现印装质量问题，影响阅读，请与承印厂联系调换
广东经济出版社常年法律顾问:胡志海律师

《改革开放进程中的经济学家学术自传》丛书

编辑委员会

《改革开放进程中的经济学家学术自传》丛书分册名录

（按姓氏音序排列）

1.《白重恩学术自传》
2.《蔡昉学术自传》
3.《常修泽学术自传》
4.《陈东琪学术自传》
5.《陈锡文学术自传》
6.《迟福林学术自传》
7.《樊纲学术自传》
8.《范恒山学术自传》
9.《房维中学术自传》
10.《高培勇学术自传》
11.《高尚全学术自传》
12.《郭克莎学术自传》
13.《洪银兴学术自传》
14.《黄达学术自传》
15.《黄群慧学术自传》
16.《贾康学术自传》
17.《江小涓学术自传》
18.《金碚学术自传》
19.《李实学术自传》
20.《李晓西学术自传》
21.《厉以宁学术自传》
22.《林兆木学术自传》
23.《刘诗白学术自传》
24.《刘世锦学术自传》
25.《刘树成学术自传》
26.《刘伟学术自传》
27.《马建堂学术自传》
28.《彭森学术自传》
29.《宋晓梧学术自传》
30.《田国强学术自传》
31.《王梦奎学术自传》
32.《王一鸣学术自传》
33.《魏杰学术自传》
34.《魏礼群学术自传》
35.《乌家培学术自传》
36.《吴敬琏学术自传》
37.《杨瑞龙学术自传》
38.《张军学术自传》
39.《张军扩学术自传》
40.《张晓山学术自传》
41.《张燕生学术自传》
42.《张宇燕学术自传》
43.《张卓元学术自传》
44.《赵人伟学术自传》
45.《郑新立学术自传》
46.《周叔莲学术自传》

总　序

Preface

盛世出华章。中国的改革开放是一场波澜壮阔、前无古人的伟大社会变革，也将是世界经济发展史上的瑰丽篇章。中国经济学家在这场伟大变革中，或贡献了智力，或参与了实践，无论是参政建言还是学术构建，均厥功甚伟。

在我们先后迎来改革开放40周年和中华人民共和国成立70周年之际，为了记录并彰显中国经济学家的历史贡献，为中国特色社会主义事业进一步发挥智慧的力量和作用，同时借以勉励后学筑梦前行，我们组织并编辑了这套《改革开放进程中的经济学家学术自传》丛书。

这套丛书的出版设想，最初由广东经济出版社提出。在此之前，得力于中国社会科学院经济研究所张卓元教授等的大力支持，该社曾于2009年编辑出版《影响新中国60年经济建设的100位经济学家》丛书。那套丛书产生了良好的社会反响，也获得了较高的学术评价。弹指一挥间，又是一个十年，共和国迎来了70华诞，改革开放也逾40周年。在这样一个特殊的背景下，广东经济出版社邀请张卓元教授和高培勇教授领衔，由《经济研究》编辑部具体负责，组织、编辑一套集中反映改革开放进程中的经济学家学术探索和心路历程的丛书。

认识到这是一件颇具眼光、很有意义的事情，于是，便有了读者眼前这套《改革开放进程中的经济学家学术自传》丛书编辑出版工作的启动。

中国经济改革与发展的伟大实践，为中国经济学家的成长提供了肥沃的土壤。要从这些灿若繁星的经济学家中推选出大家比较公认的富有影响力的经济学家，并不容易。怎样推选？推选多少？具体标准是什么？如何约稿？丛书的体例又该如何把握？这一系列相关问题接二连三地提至我们面前。

为此，在初步拟订编辑出版方案的基础上，由张卓元教授和高培勇教授主持，邀请部分专家召开了小范围的论证会议，就组建丛书编辑委员会以及丛书编辑出版的一系列相关问题听取意见，进一步完善方案。

紧跟着，2017年6月25日，丛书编辑委员会会议在北京举行。出席会议的委员共有19位（按姓氏音序排列）：白重恩、常修泽、陈东琪、陈锡文、迟福林、高培勇、郭克莎、黄群慧、金碚、李晓西、刘伟、彭森、宋晓梧、田国强、魏礼群、吴敬琏、张军扩、张燕生、张卓元。因故请假、提供书面意见的委员有10位（按姓氏音序排列）：蔡昉、曹远征、贾康、李实、李扬、厉以宁、林毅夫、刘世锦、钱颖一、张军。

这次编辑委员会会议就如下一些重要问题形成了高度共识：

第一，关于丛书的意义。委员们高度认可丛书的编辑出版工作，认为这是一项富有重要历史和现实意义的出版工程。

第二，关于丛书入选者的标准和数量。委员们认为应本着宁缺毋滥、质量为先原则，以对改革开放事业的某个特定领域做出实质性贡献或产生实质性影响的经济学家为重点，入选者宜掌握在60位左右。

第三，关于丛书的体例。基于凸显学术价值和史料价值的考虑，委员们认为学术自传宜涵盖作者的学术成长历程、作者对改革开放事业某个特定领域的研究成果和学术贡献、作者对特定领域改革前景的展望等方面内容。

第四，关于丛书的读者对象。委员们认为应主要面向青年学者以及学生，谈人生经验、述理想情怀，激励广大青年学者和学生确立奋斗的目标、发展的方向和成功的路径。

第五，关于丛书的文风。委员们主张学术自传应具有较强的理论性、学术性，同时文笔流畅、深入浅出，具有一定的可读性。

在经过充分讨论形成的候选经济学家名单基础上，与会委员按照获得半数以上多数票入选的规则，以无记名投票方式表决确定了65位入选者。

会议还决定，请因故请假的委员继续对候选经济学家名单通讯投票，并根据此项流程的统计结果，提请全体编辑委员会委员再进行一次通讯评审，最终确定丛书入选者为68位。

由此产生的《改革开放进程中的经济学家学术自传》丛书入选作者为（按姓氏音序排列）：白重恩、蔡昉、曹远征、常修泽、陈东琪、陈清泰、陈锡文、迟福林、樊纲、范恒山、房维中、高培勇、高尚全、郭克莎、郭树清、韩俊、洪银兴、华生、黄达、黄群慧、贾康、江小涓、金碚、李剑阁、李京文、李实、李晓西、李扬、厉以宁、林毅夫、林兆木、刘国光、刘鹤、刘诗白、刘世锦、刘树成、刘伟、隆国强、楼继伟、马建堂、彭森、钱颖一、宋晓梧、田国强、王梦奎、王一鸣、魏杰、魏礼群、乌家培、吴敬琏、吴晓灵、杨启先、杨瑞龙、易纲、余永定、张军、张军扩、张维迎、张晓山、张燕生、张宇燕、张卓元、赵人伟、郑新立、周其仁、周叔莲、周小川、朱玲。

在确定入选者名单之后，《经济研究》编辑部立即展开了组稿工作，共有46位入选者接受约稿。在这一过程中，入选的经济学家或其家属、秘书、好友等，对我们的工作给予了热情的支持，在百忙之中积极准备所需要的文献，其认真精神令人感动。应该说，没有他们的积极响应和大力支持，这套丛书是难以按时按质完成的。

由于入选的经济学家大多是名人、忙人，有一部分老作者也已年届九十高龄，约稿的工作量及其难度可想而知。一些作者提出暂不能写作，这多少令我们感到些许遗憾。其间也有许多感人的情景要告诉读者们：常修泽先生于2018年夏天在吉林延边的一个小镇闭门两三个月专事自传写作，在整个写作过程中数十次与编辑部和出版社沟通，包括内容完善、结构设计和一些合理性建议等诸多细节，并且在约定期限内交稿给编辑部；九十五岁高龄的黄达教授在写作过程中十余次通过电话或电子邮件与编辑部讨论写作重点和风格；乌家培、林兆木、王梦奎等老先生也是不厌其烦，反复就文字沟通润色；周叔莲先生在去世前一周还给编辑部打电话，告诉编辑自己已经基本完成了书稿的写作，并详细介绍了自己的写作过程和感想，我们至今忆此仍为之动容。在这些难得的沟通中，我们一次次被感动。

随着此套丛书的陆续编辑出版，我们越来越强烈地体会到了这项工作的意义和价值：

入选这套丛书的作者，系改革开放进程中的经济学家，他们的知名度较高，社会影响较大。这套自传体丛书，是对他们的代表性研究成果、学术贡献、成长历程及人格魅力的一个集中展示。对于广大读者特别是青年学子来说，这无疑是一个难得的学习、了解我国经济理论和现实问题的机会。

这些经济学家在各自的学术领域都是佼佼者或领军者，他们学术素养深厚、学术成就卓越。他们在自传中大多以第一人称娓娓道来，讲述了自己的家国情怀与学术成长经历，为记录我国改革开放历程留下了第一手资料。从经济史和思想史的角度看，这应该是非常有史料价值的研究文献。

众多大家的纸上风华，既映射出中国改革开放40多年取得的巨大成就，也是对中国改革与发展经验比较系统的总结。正如习近平总书记所指出的："从我国改革发展的实践中挖掘新材料、发现新问题、提出新观点、构建新理论，加强对改革开放和社会主义现代化建设实践经验的系统总结，加强对发展社会主义市场经济、民主政治、先进文化、和谐社会、生态文明以及党的执政能力建设等领域的分析研究，加强对党中央治国理政新理念新思想新战略的研究阐释，提炼出有学理性的新理论，概括出有规律性的新实践。这是构建中国特色哲学社会科学的着力点、着重点。"应该说，本套丛书的作者们用生动而精彩的人生与学术追求，践行了这一重要要求。

这套丛书的编辑出版与《经济研究》编辑部各位同仁的努力也是分不开的。他们通过电话、短信和邮件等方式不断地与作者或其家人、秘书等进行沟通。参加组稿和审稿工作的人员有：郑红亮、刘霞辉、张永山、唐寿宁、王利娜、谢谦、金成武、孙三百、陈小亮、欧宏、王红梅、刘莹、曹帅。

广东经济出版社的领导和编辑在本丛书的出版过程中也做了大量的工作，正是有了他们的努力，这套丛书才能得以顺利与读者见面。

特别值得一提的是，这样一套组织工作浩繁的大型丛书，见证了《经济研究》编辑部与广东经济出版社值得称道的团队合作精神。编辑部的张永山、王红梅同志和广东经济出版社的编辑团队从始至终为丛书的组织沟通、约稿、文稿整理付出了大量的心血，他们的耐心和一丝不苟的敬业精神令人称道。

这套丛书就此付梓了，回望中国改革开放的辉煌岁月，携手丛书作者对祖国的拳拳心路与期待，我们略感欣慰！但由于时间仓促，加之我们的水平有限，书中的不足和错误之处在所难免，敬请广大读者批评指正。

《改革开放进程中的经济学家学术自传》丛书编辑委员会

2019年10月

作者简介

林兆木

1936年出生，福建漳州人。1960年毕业于中国人民大学经济系。长期从事经济理论和宏观经济研究工作。国家发展和改革委员会宏观经济研究院研究员。历任中国人民大学经济系教师，《红旗》杂志编审，国家计划委员会经济研究中心副主任、宏观经济研究院常务副院长等职。

致力于中国经济改革和发展研究，在经济周期、转变经济增长方式、虚拟经济与实体经济关系、经济社会可持续发展、应对我国人口老龄化、国企国资改革、收入分配改革、政府和市场关系、中国同发达国家经济实力及发展潜力比较等方面，提出了诸多有价值的理论观点和对策。参与了党中央、国务院一系列重要文件的起草工作，包括党的十五大报告、十六大报告、十七大报告、十八大报告、十九大报告，1988年以来的13次中央全会文件（党的十三届三中、五中、七中全会，十四届五中全会，十五届四中、五中全会，十六届三中、四中、五中、六中全会，十七届五中全会，十八届三中、五中全会），1992年、1993年国务院召开的全国经济工作会议文件，1994年以来历年中央经济工作会议文件，1989年以来历年国务院总理向全国人大作的政府工作报告等，积极通过各种方式提出对中央决策和文件起草工作具有参考价值的观点、分析和政策建议。先后参与了国家经济社会发展“八五”“九五”“十五”计划和“十一五”“十二五”“十三五”规划的研究论证工作。在中央报刊和有关书籍中发表众多关于经济发展与改革的论文和评论。1992年被评为有突出贡献专家，1998年3月至2003年3月，任九届全国政协委员、全国政协经济委员会委员。2003年3月至2008年3月，任十届全国人大代表、全国人大财经委委员，积极为国家经济工作建言献策。主持的研究课题获国家计划委员会科技进步一等奖、二等奖，国家发展和改革委员会优秀研究成果一等奖，民政部全国征文二等奖。

林兆木学术自传

目录

壹

成长和研究工作经历

1936年10月21日，我出生在福建省漳州市的一个贫民家庭。全家人靠父亲在小商店记账的微薄收入维持生活。在我一岁多时，母亲因病得不到医治而早逝；又过了两年，父亲因积劳成疾、贫病交加，也离开了人世。我在哥哥和姐姐们的养育下长大。大哥聪明好学，只读到高小毕业，经过努力自学成为小学教师，他比我大十八岁，决心再艰难也要让我读书。1946年大哥因病去世后，二哥、三哥和姐姐在贫困境况中继续支持我上学。生活和上学的艰难，使我自幼能吃苦，勤奋好学。

我读初中时迎来了中华人民共和国的诞生。在新中国明媚阳光下，社会风气清新，处处洋溢着团结奋进的氛围，激励着我奋发向上。我努力学习，团结同学，积极参加社会工作，1951年1月加入了中国新民主主义青年团。初中毕业时被漳州一中保送到福州商业学校就读，我更加积极努力，学习成绩优良，每个学期均被评为三好生，受到全校表彰；1954年10月加入中国共产党。

1955年1月我中专毕业后被分配到福建省商业厅工作，1956年7月考入中国人民大学经济系本科学习。我十分珍惜来之不易的求学机会，在大学期间努力完成学业，认真攻读了马克思《资本论》一、二、三卷和恩格斯《反杜林论》等著作，也培养了对经济理论研究的浓厚兴趣。

1960年3月，我在大学毕业前几个月就被学校分配到校刊《教学与研究》任助理编辑。一年多后，调到经济系政治经济学教研室担任助教，并兼任光明日报《经济学》专刊编辑。在教学和编辑工作中，我虚心向老师和同行前辈请教，反复学习他们修改过的稿件，并与有经验的老师、编辑合作撰写文章。为了熟悉经济学界的学者和研究现状，我经常到学校图书馆阅览各种报纸杂志的相关文章，努力提高编辑和研究水平。当时，政治经济学教研室举办系列讲座，请著名经济学家于光远讲政治经济学对象与方法，指定我做详细记录并整理成文及时送于光远定稿。当时于光远任中宣部科学处处长，也是光明日报《经济学》专刊的主要编委，专刊有些重要稿件由我送给他审定。由上述工作联系开始，以后几年我经常有向于光远请教的机会，他也常把一些讲稿或文稿，如《论政治经济学对象与方法》《社会主义生产中经济效果》《社会主义生产中的CVM》等，让我协助整理、核校。于光远老师学识渊博，视野开阔，思维敏捷，读书和写作的速度很快，尤其勤于动脑筋，不固守成规，读书和研究问题寻根问底。我从他的言谈和工作接触中得到很多教益，对我后来的读书和研究问题有不少帮助。

1962年春天，当时兼任中国人民大学副校长的黄松龄提出，在经济系组织一个研究社会主义经济问题的小组，邀请南开、复旦、厦门等大学经济系派老师参加。中国人民大学经济系指定李云、吴树青和我参加。在研究小组期间，我同南开大学谷书堂老师、厦门大学吴宣恭老师合作撰写了两篇关于两种社会必要劳动时间与价值决定的文章，分别于1962年7月和1963年1月在《光明日报》发表，提出商品的市场供求总量关系是价值决定和价值实现的重要因素，属于第二种含义的社会必要劳动时间，在经济理论界产生了一定影响。

1970年中央决定停办中国人民大学，把教职工分批分配到其他单位工作。1971年1月我从江西余江人民大学“五七”干校回京，先被分配到中央组织部干部组，3月底调到《红旗》杂志工作。从1971年4月至1976年9月，我担任《红旗》杂志编辑组第二召集人分管经济组。1976年10月，粉碎“四人帮”后，经过几年审查，《红旗》杂志党委对我在“文革”期间《红旗》杂志编辑组的工作，作出“属于一般性工作错误”的结论，并决定让我回编辑部工作。

1981年5月我回到《红旗》杂志做编辑工作，先在经济部，一年后调到理论部。当时我下决心加倍努力，把“文革”期间耽误的时间尽可能补回来。我认识到，要出色地做好工作，最紧迫的是思想要跟上改革开放的新形势，我特别认真地学习了党的十一届三中全会以后的中央文件和邓小平讲话、文章。1981年党的十一届六中全会通过《关于建国以来党的若干历史问题的决议》（以下简称《决议》）和1982年党的十二大报告公布以后，《红旗》杂志分别邀请《决议》和报告起草组成员，撰写一批阐述《决议》、报告精神的文章在《红旗》杂志发表。我参与了这两批重点文章的编辑工作，对于深入理解党和国家的大局和决策有很大帮助。1983年和1984年，我先后参加《红旗》杂志主要领导主持撰写的本刊编辑部文章《建设有中国特色的社会主义》和《走中国自己建设社会主义的道路》。我在执笔起草过程中，又反复学习邓小平论述和中央文件。1985年初我担任评论组组长，1986年任总编室副主任，1987年初担任经济部主持工作的副主任，同年被评为编审。直到1988年6月调离《红旗》杂志，我除了所负责的编辑工作，还执笔撰写了《论开放搞活和坚持社会主义》《再论开放搞活和坚持社会主义》《论党的十一届三中全会以来的路线》等多篇本刊编辑部文章、社论在《红旗》杂志发表。撰写每一篇文章，我都从认真学习开始，力求吃透中央精神和实际情况这两头。为此，那些年我每年都抽出一两个月时间到各地农村和企业调研，了解基层情况。这些调研使我看到改革开放后中国发生的巨大变化，受到深刻教育。那几年写的调研报告收集在我与马仲扬同志合著的《马克思主义与调查研究》（红旗出版社1988年4月出版）一书中。我在学习、调研和编辑、写作过程中，深刻反思了“左”的错误尤其是“文革”对党和国家事业造成的严重危害，发自内心地坚定拥护以改革开放为标志的中国特色社会主义理论和路线。因此，在我执笔撰写的文章中，不仅是理性认识的表达，而且是真实感情的倾注，所以比较有说服力，对宣传党的改革开放总方针，消除当时存在的模糊认识，起到了一定作用。

1988年6月，我从《红旗》杂志调到新组建的国家计委经济研究中心任综合组组长。当时国家计委主任由中共中央政治局常委、国务院常务副总理姚依林兼任，他指示：“国家计委要一个强的研究机构，要集中一些人才，出一些大的观点和思路，并负责重要文件的起草。”中心综合组的职能定位是承担国家计委重要文件的起草工作。我到中心报到后便接到通知，参加党的十三届三中全会文件的起草工作。从那时至今30年来，我有幸持续地参与党中央、国务院一系列重要文件的起草工作，包括党的十五大报告、十六大报告、十七大报告、十八大报告、十九大报告，1988年以来的13次中央全会文件，1992年、1993年国务院召开的全国经济工作会议文件，1994年以来历年中央经济工作会议文件，1989年以来历年国务院总理向全国人大作的政府工作报告等，并先后参与国家经济社会发展“八五”“九五”“十五”计划和“十一五”“十二五”“十三五”规划的研究论证工作。

从长期在大学和理论刊物工作转到经济工作第一线参与决策研究和文件起草工作，这对我来说是一个重大转变和严峻挑战。为了适应新的工作要求，多年来我积极努力认真学习，包括：反复认真研究改革开放以来党中央、国务院重大决策的历史背景、精神实质；深入了解不断发展变化的经济运行和经济工作的实际情况；根据工作需要不断拓展自己的知识领域，学习金融、财政等相关知识；利用国外考察、研讨等机会，联系中国实际研究西方市场经济国家的实践经验和西方经济学基本理论及其实际应用。每一次参与文件起草工作，我都全力以赴，虚心向老前辈以及一起工作的同志们学习，认真研究国际国内环境的发展变化、改革开放和经济社会发展的实践经验、理论界的研究成果和政策建议，结合自己对中国国情的了解和对改革开放与经济社会发展的研究，积极通过各种方式提出对中央决策和文件起草有参考价值的观点、分析和政策建议，其中不少被吸收到有关文件之中。

1991年以来，我先后10多次参加中共中央总书记、国务院总理、全国人大委员长、全国政协主席分别主持召开的专家学者座谈会，就经济形势和宏观经济政策、经济体制改革、宪法修改等问题，提出意见和建议。30多年来，我的工作时间和精力虽然相当大部分用在了参与文件起草工作上，但也尽可能挤出时间围绕文件起草工作的需要，努力做好相关研究工作。在中央报刊和有关读本中发表众多关于改革开放和经济社会发展的文章，产生了较大的社会影响。其中主要文章结集在《林兆木自选集》（人民出版社2011年出版）和《林兆木文集》（红旗出版社2016年出版）。

1988年7月至1999年9月，我在担任国家计委经济研究中心综合组组长、中心副主任，宏观经济研究院常务副院长期间，积极组织全院（中心）科研力量对改革开放和经济社会发展的重大问题进行研究，为国家宏观经济决策提供有参考价值的判断、分析和建议。我参与的研究成果获得了部委优秀成果奖，包括：《社会主义市场经济体制基本框架研究》获国家计委科技进步一等奖（1994年度）；《发展我国先进生产力研究》获国家发改委优秀研究成果一等奖（2004年度）；《"八五"计划和十年规划总体思路》获国家计委科技进步二等奖（1991年度）；《编制1992年和1993年两年滚动计划政策建议》获国家计委科技进步二等奖（1992年度）；《新时期我国经济的宏观调控》获国家计委科技进步三等奖（1993年度）；《我国人口老龄化对策研究》获民政部全国征文二等奖（2007年度）。我在1992年被国务院表彰为有突出贡献专家；1998年3月至2003年3月，任九届全国政协委员、全国政协经济委员会委员；2003年3月至2008年3月，任十届全国人大代表、全国人大财经委委员，积极为国家经济工作建言献策。

贰

主要研究成果和学术观点

一 经济周期研究

经济周期是一个重要的理论问题和实践问题。经济周期的发生，在西方发达国家已有近200年的历史。关于经济周期问题的研究，在西方国家也有近百种理论学派和模型预测方法。而我国，直到20世纪80年代中期以后才开始对经济周期问题进行研究。这主要是因为我们过去长期认为经济周期是资本主义制度特有的，社会主义制度下不会有经济周期。实际上并非如此。我从现实经济问题研究中深切地认识到研究经济周期的重要性。2004年下半年我受国家社会科学基金办公室委托主持了《我国经济发展周期和反周期宏观调控研究》课题，对马克思主义经济学和西方经济学关于经济周期的理论观点作了全面的梳理，对新中国成立以来出现的9次经济周期波动的特征、成因、机理和改革开放以来历次宏观调控政策及实施效果作了系统的总结，提出了提高对我国经济周期的预见性和实施反周期宏观调控的一系列对策建议。该研究成果获得了项目评审专家的一致好评，认为是我国经济学界关于经济周期和反周期宏观调控问题的主流观点集成之作，所提建议具有较强的战略性和可操作性，对于我国制定宏观经济政策、熨平经济周期波动、防止经济大起大落，具有重要的参考价值和应用价值。2005年上半年适逢党中央正在研究制定“十一五”规划建议，我也参与了建议的起草工作，及时把我撰写的《经济周期的成因及其启示》报送主持中央建议起草工作的温家宝总理参考，受到了重视和肯定，对制定“十一五”规划和宏观经济政策发挥了咨询作用。该课题研究成果被社会科学基金办公室评为优秀成果，主要内容如下：

经济周期既和资本主义制度相联系，也和一般的社会化大生产及市场经济相联系。深入研究经济周期的机制和成因，对在社会主义市场经济体制下进行反周期宏观调控，保持经济平稳较快发展，在理论上和实践上都有重要意义。

1. 经济周期的成因

（1）机器大工业是经济周期的物质基础。机器大工业，特别是重化工业，投资和生产规模都很大，上下游的产业链条又很长，一旦需求扩大、价格上涨就会带动生产和投资扩张，并进一步带动中间需求和最终需求扩张，而一旦消费需求和投资需求扩张的链条断裂，价格下跌，就会导致投资萎缩，需求大幅减少，产品和生产能力过剩的矛盾就会导致经济危机或衰退。经过危机或衰退，一方面淘汰了落后的企业和技术，另一方面刺激了新技术的采用，并催生新的产业，成为结构优化和大规模投资的起点，从而促进经济走向复苏。正是机器大工业和社会化大生产，使生产规模具有巨大的、突然跳跃式的膨胀力和收缩力，并使整个社会经济活动产生扩张与收缩相交替的周期运动。

（2）市场经济是经济周期的体制原因。市场经济是为卖而买、为获取利润而生产的经济。企业追求利润的动机使得繁荣时期的投资决策受利益冲动和盲目乐观情绪所驱动，激烈的市场竞争也驱使企业加快技术进步并尽力扩大投资和产能，而信用制度、金融体系的发展和国内外市场的扩大，也为投资与生产扩张提供了资金和市场条件。以上几个方面因素结合在一起，构成了投资和生产的扩张与收缩交替运动的体制基础。

（3）资本主义的生产和分配方式是经济周期的制度根源。资本主义制度不可避免地导致贫富两极分化，不仅在一国之内而且在全球范围内，都是少数人占有大部分国民收入和社会财富，而收入越高，其边际消费倾向越低。同时，占国民大多数的劳动者收入偏低，消费能力和消费需求不足，与投资和生产的不断扩张形成尖锐矛盾，最终导致周期性危机或衰退。

2. 我国经济发展周期性波动的历史情况（1953—2004年）

新中国成立以来，经济发展存在周期性波动，是客观的事实。大体可分为两个阶段：第一阶段是从1953—1976年经历了5次周期波动；第二阶段是从1977—2001年经历了3次周期波动。从2002年以后正处于第9次经济周期的上升期。

第一个周期（1953—1957年）。新中国成立后经过三年经济恢复时期，从1953年开始进行大规模经济建设。“一五”期间，开工建设了156项工程。在投资增长带动下，1956年经济增长率高达15%；但由于受资源供给的制约，1957年投资下降，当年经济增长率降到5.1%。本周期5年，经济增长率高低相差10个百分点。

第二个周期（1958—1962年）。1958年的“大跃进”使投资急剧扩张，投资增长率猛增长到84.5%，当年经济增长率达到21.3%。但由于农村生产关系变革冒进，加上三年困难时期，农业生产大幅度下降，不得不进行经济调整，大幅压缩工业和投资规模。1962年投资增长率下降到-62.5%。投资增长率上下相差147个百分点。1960—1962年，经济连续三年负增长，特别是1961年经济增长率为-27.3%。本周期5年，经济增长率高低落差达48.6个百分点。

第三个周期（1963—1968年）。由于贯彻执行“调整、巩固、充实、提高”的八字方针，国民经济逐步好转。1963—1965年经济增长率分别为10.2%、18.3%和17%。但是1966年爆发“文化大革命”，经济建设遭到冲击和破坏，1967年和1968年经济陷入低谷，连续两年负增长，经济增长率分别为-5.7%和-4.1%。本周期6年，经济增长率高低相差24个百分点。

第四个周期（1969—1972年）。由于1968年投资基数较低，1969年投资增长率达到62.9%，在备战和“三线”建设推动下，1970年投资规模再次膨胀，投资增长率达49.1%，推动经济增长率达到19.4%。但由于投资规模超过工农业生产的承受力，1972年不得不进行调整，加上再次受政治运动冲击，经济增长率降到3.8%。本周期只有4年，经济增长率高低相差15.6个百分点。

第五个周期（1973—1976年）。1973年经济刚有回升，1974年再次受到政治运动冲击，经济增长率又降到了2.3%。1975年，邓小平同志主持中央工作，开始全面整顿，经济增长率回升到8.7%。但1976年“反击右倾翻案风”使经济再次陷入低谷，经济增长率跌到-1.6%。本周期只有4年，而经济增长率高低相差也达10.3个百分点。

第六个周期（1977—1981年）。这个周期处于“文革”结束后到改革开放初期的转折时期。1977年经济恢复发展，而1978年的“洋跃进”又使投资急剧扩张，当年投资增长率达22%，经济增长率升到11.7%。针对“文革”以来经济关系的严重失调，1978年12月党的十一届三中全会之后，中央提出“调整、改革、整顿、提高”的八字方针，经济增长速度逐步回落。1981年经济增长率下降到5.2%。本周期5年，经济增长率高低相差6.5个百分点。

第七个周期（1982—1990年）。1982年，在农村政策调整和农村改革的推动下，经济发展加快，增长率上升到9.1%，1983年为10.9%。1984年改革重点转到城市，由于改革措施不配套，1984年银行各项贷款同比增长29.1%，现金发行为上年的2.9倍，出现货币、信贷双失控，1984年经济增长率上升到本周期峰顶15.2%。1985年投资规模特别是预算外投资继续膨胀，使原材料、能源、交通等处于紧张状态。1986年，对投资规模进行压缩，当年经济增长率由1985年的13.5%下降到8.8%。1987年，地方政府的计划与投资自主权进一步扩大，投资和工业生产再次加速，经济增长率又回升到11.6%。1988年继续保持11.3%的高水平，投资增长率达20.2%。投资增速过快和1986年以后农业生产连续几年徘徊，导致物价大幅度上涨，被迫从1988年第4季度开始进行治理整顿和经济调整。1989年和1990年投资增幅回落较大，加上1989年之后西方国家对我国进行经济贸易制裁，国内需求与国外需求同时减少。这两年经济增长率分别下滑到4.1%和3.8%。本周期9年，经济增长率高低相差11.4个百分点。

第八个周期（1991—2001年）。1991年我国经济出现恢复性增长，增长率回升到9.2%。1992年，邓小平南行讲话后，在改革开放推动下，经济发展加快，经济增长率上升到这个周期的峰顶14.2%。同时，出现了开发区热、房地产热、金融秩序混乱等问题，通货膨胀趋势明显。1993年下半年中央及时采取了收紧银根、整顿金融秩序等政策，经过3年努力，1996年实现了软着陆。1997年下半年以后受到亚洲金融危机的冲击，国外需求下降加上国内需求不足，导致1999年经济增长率下降到7.1%。2000年国家加大实施积极财政政策的力度，投资增长率由上年的5.1%回升到10.3%，推动经济增长率回升到8%。这本来应是一个拐点，即新周期的开始。但是2001年由于美国经济陷入衰退，日本、欧盟经济低迷，受世界经济不利因素的影响，我国经济增长率再次回落到7.5%，使第八个周期又延伸了两年（即2000年和2001年）。本周期11年，经济增长率高低相差7.1个百分点。

第九个周期（2002年至今）。在国内外有利因素推动下，我国经济发展从2002年开始，进入了新周期的上升阶段。2002—2004年经济增长率分别为8.3%、9.5%和9.5%。近两年我国经济在加快发展中出现了一些新问题，主要是粮食供求关系趋紧，固定资产投资膨胀，货币信贷增长过快，煤电油运紧张。中央及时作出了加强宏观调控的决策和部署，保持了经济发展的好形势，避免了大起大落。

3. 经济周期规律和历史经验的启示

（1）防止经济大起大落才能实现最优发展速度。比较我国改革开放前、后经济周期性波动的情况，可以看出，改革开放前经济周期性波动的特征是：周期短，扩张期更短，只有一两年；波动幅度大，多次出现负增长，呈大起大落型。改革开放后经济周期性波动的特征是：周期长，扩张期长达七八年，下降期短；波动幅度较小，没有出现负增长。两种不同类型的周期性波动，导致前后两个26年发展成果出现很大差异：1953—1978年，26年间GDP增长3.71倍，年均增长6.15%；人均GDP增长1.79倍，年均增长4%。经济实力、综合国力和人民生活水平的提高比较缓慢。1979—2004年，26年间GDP增长9.28倍，年均增长9.4%；人均GDP增长6.57倍，年均增长8.1%。经济实力、综合国力和人民生活水平连续上了几个大的台阶。历史经验充分证明，防止经济大起大落，对于实现长期发展的战略目标是何等的重要。

（2）避免政治、社会的不稳定因素对经济周期的影响。改革开放前我国经济发展多次出现大起大落，重要的原因是政治运动和社会变革等非经济因素的冲击。这在“大跃进”和十年“文革”动乱时期表现得极为明显。改革开放以来，我党坚持以经济建设为中心，保持政治、社会稳定，避免了政治运动对经济发展的干扰和冲击，因而能够长期保持经济快速发展。我国现在正处于经济体制转轨和经济社会结构剧烈变动的时期，社会矛盾和影响社会稳定的因素较多，妥善处理改革发展稳定的关系，兼顾各方面的利益，对于创造经济平稳较快发展的社会环境十分重要。

（3）保持经济持续快速发展必须加强和改善宏观调控。对比20世纪80年代和90年代两次经济周期性波动的情况，可以看出，后一次的波动幅度比前一次小4.3个百分点，谷底的增长率比前一次高3.3个百分点，波动幅度和损失明显小于前一次。其主要原因：一是宏观调控的体制基础不同。20世纪90年代经济体制改革和对外开放的广度、深度及成效都明显超过了80年代。二是宏观调控的决心、手段和经验不同。1985年为抑制投资、信贷过快增长，中央召开了四次省长会议，但由于认识不统一，1986年经济尚未软着陆，1987年又加快了。1989年治理通货膨胀的决心大，但因经验不足，加之主要运用行政手段，使得连续两年经济增长率回落较大。而1993年以后的宏观调控不仅决心大，而且手段配套，持续几年努力直到成功实现了软着陆。1998年以后针对需求不足，中央及时实行扩大内需的方针，连续几年综合运用财政、货币政策等手段，成功抑制了通货紧缩的趋势。2002年以来的这次宏观调控，以科学发展观为指导，指导思想和目标更为明确，决策和措施也较为及时、有力，既运用了以往几次宏观调控的成功经验，又根据新的形势有所创新，综合运用经济、法律手段和必要的行政手段，区别对待，有保有压，并同深化改革紧密结合，标本兼治，使经济运行中不稳定不健康因素得到抑制，避免了经济大起大落。历史经验证明，宏观调控与市场机制都是社会主义市场经济体制的有机组成部分，将贯穿于发展社会主义市场经济的全过程。现在我国正处于经济快速发展与结构转型的重要时期，体制性、结构性矛盾与经济总量矛盾相互交织，引发经济大起大落的因素较多。宏观调控的任务，既要保持社会总需求与总供给基本平衡，又要促进产业结构优化升级，统筹城乡、区域发展，还要协调重要资源的需求与供给，调节国民收入分配，维护社会公平与稳定。因此，越是充分发挥市场对资源配置的基础性作用，就越是需要加强和改善宏观调控。

（4）保持投资适度规模和加强农业，是防止经济大起大落的两个重点。固定资产投资是一把双刃剑：一方面它是经济增长的发动机，是增强发展后劲的必要条件；另一方面，投资过度又是通货膨胀、经济关系失调的主要动因。新中国成立以来几次经济调整和治理通货膨胀，都是由于投资过度、粮食生产下降“双碰头”引起的。今后较长一段时间内，投资仍然是决定经济周期的重要因素，关键是保持投资的适当增速和适度规模，既要充分利用经济增长的潜力，又不能导致严重通货膨胀和资源过度消耗。农业尤其是粮食生产仍然是不应忽视的薄弱环节，如产量持续下降，不仅会影响供给，而且会影响农民收入和农村消费需求。在工业化和城镇化进程中，客观上存在着耕地减少的趋势，种粮收益又比较低，尤其要注意因粮食生产的波动导致经济全局的不稳，还需要注意经济周期对城镇就业和农村劳动力转移的影响。城市经济“涨潮”时与“落潮”时所吸纳的就业和农村劳动力转移的数量会有很大差别。因此，在经济上升期要防止城镇化步伐太快，并注意给农民工在城镇失业时留有退路。农村富余劳动力在城乡之间双向流动就业，是中国特色城镇化道路的必经阶段，也是发挥农业和农村对经济周期减震效应的重要形式。

（5）延长经济上升期是宏观调控的重大任务。尽力延长经济持续增长期，对增强经济实力和综合国力至关重要。

当前我国正处于经济周期的上升阶段，必须倍加珍惜，加强宏观调控和完善体制机制，使得良好发展势头得以持久延续。为此，一是在形势好时要注意防止急于求成、片面追求高速度的倾向。大起大落的要害在于大起。大起中过度消耗了财力物力人力，打破了经济运行中各种正常的比例关系，必有大落跟随其后。二是要注重转变经济增长方式，推动经济结构优化升级，使经济可持续发展。经济处于上升期间，结构性矛盾容易积累和暴露。要充分利用这一时期，加快结构调整和转型升级，为今后的平稳快速发展创造条件。三是要注重防止经济泡沫和金融风险的积累。在投资增长很快的情况下，潜伏着产能过剩的危险。当前尤其要防范房地产市场泡沫的扩大和银行不良资产比重的上升。四是要不失时机地推进改革。在经济周期上升阶段，国家、企业财力和居民收入增长较快，经济活力增强，有利于加快推进改革。五是在经济增长加快的情况下，要注意防止通货膨胀。

（6）扩大消费需求是增强经济发展稳定性和可持续性的重要基础。我国消费率持续偏低，2004年，最终消费率已降到53.6%，其中居民消费率降到41.9%，均为历史最低水平。另一方面，资本形成率持续攀升，2004年已达43.9%，比“九五”时期的平均值37.6%又提高了6.3个百分点。投资率居高不下，经济发展过多地依赖投资和工业带动，既是资源消耗强化、环境压力加大、增长可持续性减弱的重要原因，也是形成大量低效、无效重复建设和银行呆坏账的重要根源。逐步改变这种经济增长格局，转向主要依靠消费和服务业带动，才更有可能长期保持经济平稳较快发展。消费是收入的函数。扩大消费需求，最重要的是在经济发展基础上，合理分配国民收入。当前要着力解决收入分配不公和收入差距过大的问题，努力提高中低收入居民的收入和消费水平，使全社会具有适度的消费需求。这既是维护社会稳定的要求，也是增强经济持续发展动力的要求。

（7）提高对经济周期性波动的预见性。从年度短期的宏观调控看，应借鉴国际经验，建立对经济周期性波动的预测指标体系。例如，可参考美国和经合组织（OECD）的经验，利用若干先行指数来判断经济走势，预测经济运行是否正常。判断经济景气是否处于转折点时，还要通过景气调查，即对消费者、企业家、经济学家、银行家、政府官员进行问卷调查（月度、季度），并同用先行指数、平行指数预测的结果互相验证。同时，应加强地区经济周期波动的监测和研究。我国的区域经济水平差异较大，特别是发达地区的经济波动一般带有先行性，并会对其他地区和全国的经济波动产生重大影响。因此，观察并跟踪地区经济运行的先行指标是很重要的。

在制定中长期经济社会发展规划时，应充分考虑经济周期性波动的因素及其影响。历史经验说明，注意这个问题才能提高中长期规划的预见性、有效性。1990年制定“八五”计划时，正处于经济周期的低谷，对“八五”发展面临的问题估计重了一些，因而提出的目标是：1991—2000年国内生产总值年均增长6%左右。刚过不久，1992年改革开放和发展的形势就发生了很大变化，“八五”计划提出的目标就需要调整了。1995年制定“九五”计划时，通货膨胀的形势相当严峻，因而提出：“‘九五’期间要以抑制通货膨胀作为宏观调控的首要任务。”也是刚过不久，1996年实现了“软着陆”，1997年爆发亚洲金融危机，紧接着就发生需求不足和通货紧缩趋势。联系历史经验，现在制定“十一五”规划，也需要注意不能因为近几年处于经济周期上升阶段，就完全肯定未来五年不会发生经济周期性波动。20世纪80年代和90年代两个经济周期的上升期都只有7年。如果这个周期规律重复出现的话，那么2009年前后就有可能出现转折，即由上升转为下降。清醒地估计这种可能性，才能未雨绸缪，在“十一五”规划中采取正确对策，以避免这种情形出现。

4. 影响当代经济周期的三个因素

2013年6月，根据对2008年国际金融危机后世界经济状况的研究，我撰写了《对经济周期的再认识》，认为除了上述从分析传统形态经济周期得出的三个原因之外，还有以下三个因素对当代经济周期产生了重大影响。

（1）经济全球化使各国经济联系和相互依存不断加深，对经济周期有深刻影响。20世纪70年代以来，发达国家制造业持续大规模向国外转移，伴随这种转移的是跨国公司主导的跨国贸易和投资迅猛发展。从此，国际贸易、国际价格变动、跨国投资、国际金融流动、国际资源转移等，都越来越成为影响各国经济周期的重要因素。一个国家特别是大国的经济发生周期性波动时，都会透过贸易与资金的连锁关系影响到别的国家或地区，而任何国家、地区所发生的波动，也不再局限于从单行道的方式影响别国，而是会回过头来使自己受惠或受害。尤其是由于发达国家制造业比重过于降低和实体经济空心化，大量资金进入虚拟经济投机套利，导致资产泡沫持续积累，一旦发生金融危机，就必然引发全球性的经济衰退。这时经济全球化的正面溢出效应也就转变为负面溢出效应。

（2）虚拟经济的高度发展对经济周期的上下波动产生推波助澜的作用。近二三十年来，名目繁多的金融衍生品超常发展，吸引大量资金进入虚拟经济领域，本来以对冲和规避风险为目的的金融衍生品，由于它本身的复杂性和难以被监管，结果走向了反面，成了诱发金融危机和经济衰退的导火线。从亚洲金融危机和2008年国际金融危机可以看出，由于虚拟经济出了问题而对实体经济产生的冲击力、破坏力，远远大于实体经济本身出了问题所造成的后果。

（3）发达国家财政政策和货币政策的失误加大了全球经济周期波动的幅度。本来应以熨平周期为目的的宏观经济政策也走向了反面，成了引发金融危机和经济衰退的重要杠杆。例如，在美国次贷危机发生前，美国货币当局在2001年经济衰退之后，为了刺激经济增长，将联邦基金利率从2000年的6.5%的高点，连续13次下调到2003年6月至2004年6月间的1%，这就使得美国金融机构杠杆率大幅提高，金融机构、企业、政府和居民的债务大量增加。美国商务部数据显示，按照国民经济核算的美国经济透支率（私人和政府总支出与GDP的差值占GDP的比重）2000—2008年平均超过4.7%，次贷危机爆发前的2006年美国经济透支率达到5.7%。欧洲国家主权债务危机也是由于财政政策失误，长期“寅吃卯粮”、债台高筑所致。

5. 对经济周期规律和历史经验启示的再认识

在《对经济周期的再认识》一文中，对经济周期规律和历史经验的启示，又补充了以下几点：

（1）防止经济大起大落，首先要防止大起。改革开放以来，三次大起都带来通货膨胀、资产泡沫和结构失衡等严重问题。历史经验一再证明，经济大起之后必有大落，经济剧烈振荡造成了资源大量浪费和损失，一年或几年的过高速度发展所加剧的结构性矛盾和付出的资源环境代价往往是多年也难以解决和弥补的。因此，当经济处于周期上升阶段时，不应当急功近利，人为地去加快速度。明智之举是应当采取措施“削峰”，减缓上冲速度，把各方面加快发展的积极性引导到优化结构、提高效益上来。

（2）防止大落，应把着力点放在深化改革、调整结构上。经济冲到峰顶之后，由于通货膨胀和结构性矛盾的积累，随之而来的经济调整和增速放缓是不可避免的。前几年在经历五年10%以上高速增长（其中2007年上冲到14.2%）之后，又遇到国际金融危机猛烈冲击的情况下，我国经济进行一次大的调整并降低增速，是符合经济规律的。但是，当时各方面追求高速度的惯性仍然很强，对经济刺激政策的期望值过高，导致财政、货币政策双宽松，货币信贷投放过量，使2008年、2009年保持了9.6%和9.2%的增速，并在2010年反弹到10.4%。这给人们一种印象，似乎中国经济潜在增长率仍在10%左右。其实这并非客观的潜在增长率使其然，而主要是财政、货币政策的作用和政府主导投资的结果。为获得超过7%的2～3个百分点的增长，不仅成本高、代价大，加剧了结构性矛盾和资源环境等问题，而且是不可持续的，随着政策刺激力度减弱，增速仍然要掉下来。历史经验说明，当经济下行不可避免时，应当利用需求增速减缓、市场竞争加剧的压力，加大改革和结构调整力度，推动企业和整个经济转型升级。为防止经济过度下滑而采取的经济刺激政策，应当适时适度，避免违背经济规律而人为地去推高速度。

（3）正确处理局部与全局、当前与长远的关系。防止经济周期性大幅波动，维护宏观经济大环境的稳定，从根本上说有利于各地方、各行业的发展和利益，但从当前看，同某一个局部利益很可能产生矛盾和冲突。而且宏观的、全局的问题，从各个地方和各个行业、企业的角度，是不好把握、难以完全看清楚的。在西方市场经济国家，一般情况是政府更关注经济增长和就业，而货币当局负责稳定币值，抑制通货膨胀，因而更关注宏观经济稳定。我国中央政府一身两任，既要促进经济增长，增加就业，又要稳定币值，保持宏观经济稳定。地方政府较多地介入经济活动（这一点不同于西方国家的地方政府），所以同宏观、全局的决策也就有可能产生矛盾。因此，为减少经济周期性大幅波动，必须防止由各个局部推动发展而导致全局性结构严重失衡和系统性财政、金融风险，防止由于政府换届周期所产生的只顾短期政绩而透支未来发展条件的做法。

（4）正确处理政府与市场的关系。改革开放以来，我国市场取向的改革已经取得了重大进展。与改革开放前相比，政府与市场的关系发生了根本性变化。但是，行政管理体制改革和政府职能转变都还没有到位，政府仍然管了许多不该管的经济事务，主导投资项目、直接干预微观经济活动的情况仍很普遍，宏观调控过多使用行政手段，也往往导致对市场主体积极性、主动性的束缚。另一方面，由于政府将过多时间和精力用在直接干预经济事务上，也导致政府在市场监管、社会管理、公共服务等方面的工作不到位。继续推进行政管理体制和宏观调控部门的改革，才能从制度上更好地发挥市场在资源配置中的基础性作用，减少因政府干预不当或宏观调控失误对经济周期波动所产生的负面影响。

值得一提的是，我在2005年5月《经济周期的成因及其启示》中提出，我国经济“20个世纪80年代和90年代两个经济周期的上升期都只有7年。如果这个周期规律重复出现的话，那么2009年前后就有可能出现转折，即由上升转为下降。清醒地估计这种可能性，才能未雨绸缪，在‘十一五’规划中采取正确对策，以避免这种情形出现”。巧合的是，我国经济由于国内原因和国际金融危机冲击，在2008年第四季度从连续多年的上升转为下降，2009年第一季度下降幅度更大。另一次预测是2011年6月11日，我在“第五届中国经济增长与周期论坛”关于《实施“十二五”规划的几个问题》的发言中提出：“各省、市、区‘十二五’规划预期目标，加权平均是年增10.5%，比全国预期目标7%高出50%。这种高增长主要通过投资带动，意味着可能为‘十二五’后期埋下产能过剩，导致经济下滑危险，不良贷款问题也可能暴露，金融风险因经济增速下滑而水落石出。”“同时也存在因为过度投资导致产能过剩，导致‘十二五’后期2013年以后可能面临通缩。”这些预测后来也被证实了：追求过高增速和过度投资导致产能过剩，并引起的工业生产者价格（PPI）同比下降，从2012年3月就出现了，而且持续54个月，直到2016年9月才由负转正。上述这两次预言和实际的“巧合”，从一个侧面说明了认识经济周期规律的作用和加强经济周期预测的必要性。

二 转变经济增长方式研究

1. 提高经济增长质量的含义

转变经济增长方式，提高经济增长的质量和效益是我国高层决策和经济学界一直在探讨解决的问题。1995年10月，中央在制定“九五”计划建议中提出了要实现经济增长方式的根本性转变。1995年2月，我撰写的《关于提高经济增长的质量》一文，在国内比较早地对提高经济增长质量，作出了全面的宏观论述。这篇文章在国家计委内刊上发表，并在当时提交给中央制定“九五”计划建议的起草组参阅，受到了有关领导的重视和好评，一些观点和建议被吸纳。《关于提高经济增长的质量》一文主要观点如下。

为了把经济增长的重心转到提高经济增长的质量和效益上来，必须逐步把经济增长方式从数量扩张型转向质量提高型，从粗放的速度型转向集约的效益型。

提高经济增长质量，不仅是指提高具体产品和服务的质量，而且包括更广泛、更深刻的内容。从宏观上看，提高经济增长质量应当包括以下六个方面：

（1）低通货膨胀的经济增长。即在保持社会总需求与社会总供给基本平衡条件下实现经济增长，既充分发挥资源和生产潜力，又不造成需求过度扩张，引发严重通货膨胀。只有实现低通货膨胀的经济增长，才能避免经济增长的大起大落，实现持续的快速增长。

（2）投入减少、产出增加的经济增长。包括在经济增长中，生产同量产品（国民生产总值）的资源（劳动、资本和各种物质）消耗不断减少；也包括投入结构的优化，即生产同量产品（国民生产总值）的总投入中，劳动、资本等要素投入的贡献率降低，技术进步等综合要素的贡献率提高。科学技术是第一生产力。科学技术是作为“乘数”作用到劳动力、生产工具、劳动对象等要素上面去的，科学技术越发展，它的“乘数效应”即对经济增长的促进作用也越大。因此，在经济增长中，要加快科技现代化步伐，在各个部门、领域采用先进技术，发展高新技术产业，不断提高国民经济的技术装备水平，提高科学技术进步对经济增长的贡献率。只有这样，在经济增长中才能不断降低成本，提高企业和整个社会的经济效益。

（3）结构趋向合理、优化和升级的经济增长。世界工业化、现代化的历史，就是产业结构随着技术革命不断优化、升级的历史。随着科技进步，必然不断推出新产品、新行业、新产业。这是经济增长的强大推动力。产业结构调整、升级必然带来整体经济效益的提高。我国正处在实现工业化、现代化的重要历史阶段，调整产业结构面临繁重的任务：既要在现有技术基础上使产业结构趋向合理，又要适应世界上新的技术革命和发达国家产业重组、结构升级的趋势，使我国产业结构朝着现代化、高级化的方向发展。只有使结构趋向合理、优化的经济增长，才能加快工业化、现代化的步伐，才能适应国内消费结构变化的需要，也才能在国际市场激烈竞争中占有更大的份额。

（4）商品和服务质量不断提高的经济增长。经济增长的最终目的是满足社会成员（居民、消费者）不断增长的物质和文化生活的需要。发展社会主义市场经济的目的尤其应当更鲜明地体现在这一点上。经济增长不仅要求生产经营适应市场需求，即适销对路，而且应当引导消费，提供更新、更好的商品和服务，不断开辟新的消费领域，改善、丰富人民生活。这样的经济增长，不仅是有经济效益的增长，而且是合乎目的的、有社会效益的增长。

（5）保持经济主体活力、创造性和制度效率的经济增长。经济增长的体制环境、动力机制、运行效率同经济增长的数量和质量有密切的关系。国外有的经济学家认为，经济增长的关键在于制度因素，即源于制度创新的制度效率。通过培育企业家，优化企业家群体，激励率先技术创新的机制，促成高质量的经济增长。我国已确立社会主义市场经济体制的改革目标。在体制转轨时期，改革是经济增长的基本动力，经济增长一方面要靠改革开放激发经济主体的活力、创造性和效率；另一方面也要为改革创造比较宽松的宏观经济环境。

（6）保护资源与环境的经济增长。许多资源不能再生，自然环境一旦被破坏就很难恢复。破坏资源与环境的经济增长，不仅破坏了经济增长的可持续性，使经济增长不可能持久，而且也违背了经济增长本身的目的。高质量的经济增长，应当是使资源得到合理利用，并使环境得到保护的经济增长，是坚持可持续发展战略的经济增长。

上述提高经济增长质量的六个方面是相互联系的。改革开放以来在经济高速增长中，经济总量失衡和通货膨胀仍然周期性地出现，除了体制原因（体制转轨时期旧体制仍在许多方面起作用），经济结构不合理、经济增长方式落后也是重要原因。在深化改革、加快建立社会主义市场经济体制的前提下，必须大力推进经济增长方式从主要依靠增加投入的速度型，向更多地依靠科技进步、结构优化、生产经营者素质提高的效益型转变。这样才能提高投入产出率，降低成本，减少成本上升对价格的推动，减轻通货膨胀的压力。而大力推进技术进步，积极促进结构优化和升级，实行规模经营等，既是转变经济增长方式的重要内容，也是提高经济效益、提高商品与服务质量、合理利用资源、保护环境等的重要条件。因此，为了促进国民经济持续、快速、健康发展，必须紧紧抓住深化改革、调整结构和转换经济增长方式三个关键。这也是提高经济增长质量和效益的主要途径。

我国经济发展现在已到了一个新的转折点：一方面经济发展的内在矛盾和客观规律迫切要求转变经济增长方式，把经济增长的重点转到提高增长的质量和效益上来；另一方面转变经济增长方式的条件也已初步形成并正在成熟。转换经济增长方式、提高经济增长质量，既是一个目标，又是一个过程。从目标来讲，它是整整一个历史时期才能完成的任务；从过程来讲，它又是积小变到大变，从量变到质变的工作。因此，决不能因为是长期任务，就不从眼前抓起。必须把阶段性的目标分解为年度任务，抓落实、抓措施。当前最重要的是要转变经济增长的观念，发展要有新思路，形成新的经济增长机制。在充分发挥市场对资源配置的基础性作用的前提下，要扩大社会资本，增加设备投资。政府投资要集中力量加强基础产业、基础设施和先导、带头产业的重点建设。要增加高新技术产业和现代企业技术改造的投资，把国有企业的改革、改组、改造结合起来。要制定鼓励国内技术进步的产业政策以及配套的外贸政策，积极有效地利用对外开放的条件，促进国内的科技进步和产业结构的调整、升级。

2. 转变经济增长方式的战略意义

1995年10月，我在《转变经济增长方式的战略意义》一文中论述以下观点。

经济增长方式是生产要素组合和利用的方式。粗放型增长方式是指主要依靠增加生产要素数量的投入而实现经济增长，集约型增长方式是指主要依靠生产要素的合理组合和效率提高而实现经济增长。长期以来我国经济增长的方式基本上是粗放型的，其特征是：主要依靠上新项目、铺新摊子，靠大量增加物质投入和资源消耗求得经济增长。这种增长方式今后不能再继续下去了。主要是因为：

（1）我国人均资源不足，依靠大量消耗资源，难以维持经济快速增长。我国45种主要矿产资源的人均拥有量，只有美国的八分之一。但是，我国单位国民生产总值的能耗为日本的6倍，韩国的4.5倍，美国的3倍。钢材、木材、水泥的消耗强度也比发达国家高得多。今后经济规模越来越大，能源、重要原材料供需矛盾将趋于尖锐，靠大量消耗资源实现经济增长难以为继。而且资源的过量开采和大量消耗，将会加剧环境污染，破坏生态平衡。解决经济快速增长和保护资源、环境的矛盾，出路在于转变经济增长方式，减少投入，提高加工深度，提高投入产出率。一些工业化国家的经验表明，随着结构优化、技术进步和管理水平的提高，单位GNP的能耗、物耗呈明显下降趋势。我国在这个方面的潜力很大。目前我国能源利用效率仅为30%，而一般工业化国家为50%以上，我国如能提高到35%，每年就可节约3亿多吨标准煤。调整、优化结构，走集约型发展道路，就能缓解资源供给和经济发展的矛盾。

（2）经济快速增长需要投入大量资金，转变经济增长方式才能缓解资金供求矛盾，避免严重通货膨胀。我国经济快速增长伴随高物价上涨率的重要原因在于，经济增长主要依靠大量增加投入，从而推动需求膨胀和成本上升。今后要在经济快速增长的同时避免高通货膨胀，就必须切实转变经济增长方式，合理使用资金，提高投资效益，以较低的投资率支持较高的经济增长速度。

（3）现代化建设进入新阶段以后，对国民经济整体素质包括生产技术水平、产品品种、质量，都提出了更高的要求。今后15年我国将进入中等收入阶段，城乡居民生活达到小康水平并继续提高，消费结构将发生重大变化，也要求产品更新、更好，品种更多。这些都要求我国工业结构必须进入高加工度产业的发展阶段。根据各国经济发展的经验，当工业结构进入以资金技术集约为主的高加工度产业发展阶段以后，产业结构优化、升级的步伐将加快，经济活动对规模经济和经济效益的要求更高，经济增长中科技、管理的贡献率也必须大大提高。但是，我国现在技术水平低、结构不合理、产品附加值不高等问题很突出。一些主要行业的先进技术和关键设备主要靠进口，消化、吸收和创新能力比较差，“一代又一代”重复引进的现象相当严重。性能先进和技术含量高的装备绝大部分依靠进口。同时，一些行业的生产集中度很低，汽车、乙烯、纺织等行业的多数企业达不到合理的经济规模，地区产业结构在低水平上趋同，产品质量差的问题也很突出。解决所有这些问题都要求必须转变经济增长方式。

（4）今后在国际关系中，政治斗争仍然是一个重要的方面，也很复杂，但更重要的将是以经济、科技为基础的综合国力的较量。我国不仅面临霸权主义和强权政治的压力，而且面临发达国家在经济与科技上占优势的压力。要在国际经济合作与竞争中取得主动，就必须大力提高我国经济的竞争能力，大幅度提高技术水平和产品质量，显著降低生产成本，增加产品附加值。要在资金技术密集的产业中，形成我国特有的优势产品。这也要求我们必须从注重数量的粗放型经济增长，转变为注重质量、效益的集约型经济增长。

总之，今后15年要使社会生产力有一个大发展，综合国力和人民生活有一个大提高，最重要的是要以提高国民经济的整体素质和效益为中心，切实转变经济增长方式，走集约型发展经济的道路。逐步建立社会主义市场经济体制，充分发挥市场在资源配置中的基础性作用，通过市场需求变化和有效的市场竞争引导产业结构升级和产业素质提高，才能实现经济增长方式的转变。另一方面，经济体制改革的根本目的是解放和发展生产力，通过转变经济增长方式，促进国民经济持续、快速、健康发展，才能使改革的成果得以巩固，并为继续深化改革创造条件。抓住转变增长方式这个重要环节，把发展和改革有机地结合起来，将是今后正确处理改革与发展关系的一个重要特点。

3. 积极推进经济结构调整

调整和优化经济结构，是转变经济增长方式的基本途径和重要抓手。1997年3月，我在《求是》杂志发表的《积极推进经济结构调整》，论述了加快经济结构调整的重要性和迫切性，主要观点如下：

（1）加快结构调整，是解决当前经济运行中深层次矛盾的迫切要求。前几年，我国经济在快速增长的同时出现了比较严重的通货膨胀。党中央、国务院及时采取了深化改革和加强、改善宏观调控的措施，到1996年，宏观经济形势明显好转，通货膨胀得到有效抑制，国民经济保持较高的增长速度，成功地实现了“软着陆”。在经济总量矛盾缓解的同时，经济结构的矛盾突显出来了。当前，部分国有企业效益滑坡，亏损增加，下岗人员多等，其深层次原因，主要在于企业改革和结构调整滞后于市场环境的变化。进入20世纪90年代以来，我国经济发展出现了阶段性变化，绝大多数工业产品的生产能力明显超过市场需求，经济发展由主要受资源、资金的约束转变为主要受市场需求的约束。特别是一些加工工业由于盲目重复建设导致生产能力严重过剩；乡镇企业、三资企业的迅速发展，使国内市场竞争更加激烈，而相当一部分国有企业由于历史包袱和社会负担沉重，技术改造欠账太多，设备工艺落后，对新产品开发和新技术的消化创新能力都比较差，从而在市场竞争中处于不利的地位。这些问题是多年来积累下来的，在经济过热、通货膨胀成为主要问题时，经济结构的矛盾暂时被掩盖了，而当通货膨胀得到抑制、经济增长率回落到适当的水平时，结构性矛盾就水落石出了。而且，结构性矛盾和体制的矛盾交织在一起，国有企业改革滞后使结构矛盾更为突出。如果不从加快国有企业改革步伐和加大结构调整力度入手，还是像过去那样总是在宏观总量政策的“松”与“紧”之间做调整，就越来越难以缓解这些困难。不仅如此，如果不注意调整结构，而仅仅在总量上采取放松的政策，还可能引起新的经济过热和新的失衡。在宏观经济形势较好的条件下，应当不失时机地加大结构调整力度，这是解决经济运行中深层次矛盾，促进国民经济持续快速健康发展的迫切要求和重大任务。

（2）结构调整、升级是推动经济增长的重要因素。发展经济学认为，经济发展过程，特别是工业化阶段的经济发展过程，是经济结构不断调整升级的过程。由居民消费、国内最终需求、中间需求以及出口需求的结构变化，引起产业结构的变化，带动制造业的发展，从而引起产值结构、城乡结构、贸易结构等一系列的变化。经济发展不仅是经济规模和总量的扩大，而且是经济结构的调整升级。国民生产总值增长不仅是资本积累、劳动力增加和技术进步长期作用的结果，也是经济结构调整、资源更有效地再配置的结果。国际经验表明，结构转变是加速经济增长的重要因素，特别是发展中国家调整经济结构的余地更大、速度更快，资源转移和再配置较之发达国家是更重要的增长因素。这包括通过推进工业化，扩大中间需求，带动制造业发展，并使劳动和资本从生产率较低的农业向生产率较高的工业转移；通过贸易形式的转变，扩大出口实现资源转移，获得较高利益；通过资源再分配，加快瓶颈部门的发展，以加速经济增长；通过引进国际先进技术，改造传统产业，发展高新技术产业和第三产业，提高国民经济的整体运行效率和效益；通过新产品开发和产品的升级换代，适应需求变化，创造新的需求；通过调整地区经济结构，更好发挥资源比较优势；通过调整企业组织结构，发挥规模效益和专业化利益；等等。所有这些都是推动经济增长的因素。

改革开放以来，我国经济结构发生了很大变化，结构转变为经济快速增长的强大动力。进入20世纪90年代之后，随着城乡居民收入的增长，消费结构开始发生重大变化。城市居民生活改善的重点开始从吃、穿、用方面逐步转到住和行方面。消费的内容更加丰富，消费的选择性明显增强，对产品档次和质量的要求进一步提高，新一代消费热点开始形成；农村居民由于收入水平提高较为缓慢，则还停留在较低的消费层次上，农村市场对一般消费品的需求增长并不快。城乡市场的这种现状，使国内市场总体表现出需求水平提高，一般消费品的需求趋于饱和的特点。一般消费品供不应求的情况被供求平衡或供大于求的情况所代替，新一代的消费需求，由于国内生产技术还有差距，主要通过进口满足。在这样的形势下，经济增长开始从主要受资源和短线产品的“瓶颈”制约转向主要受市场需求的约束。这在客观上形成了为提高市场竞争力、扩大市场份额而必须加快产业结构调整升级的迫切要求。

从世界各国工业化的一般经验看，与经济发展相伴随的产业结构变化有一定的规律性。其中工业结构的变化大体经历以下几个阶段：①以一般工业消费品为主的轻工业发展阶段；②以原材料工业为中心的重工业发展阶段；③以高加工度产业为主的发展阶段；④技术集约化的发展阶段。同时，产业结构发展的阶段越高，生产的资金技术密集程度、产业的集中和专业化程度和规模经济要求就越高，科技进步对经济增长的贡献率也越高，经济增长的集约型特征越突出。与上述结构变化的阶段相对照，我国20世纪80年代的经济发展大致处于上述的第一到第二阶段。各国工业化的一般经验表明，这时的经济增长一般以外延扩大和总量扩张为主，带有明显的粗放型特点。进入20世纪90年代以后，随着消费结构的变化和生产结构的调整，我国经济发展已进入上述的第三个发展阶段。伴随发展阶段的变化，客观上要求提高生产的资金技术集约化程度，扩大经济规模，经济增长方式也必须由粗放型逐步转向集约型。从这个意义说，转变经济增长方式是经济发展到一定阶段的客观要求，也是经济结构优化升级的必然结果。而经济结构调整则是推进增长方式转变的重要方面。

市场竞争是我国经济结构调整的强大动力。面对市场需求的变化，乡镇企业、个体私营企业和三资企业为了生存和发展，在竞争的压力下，都在不同程度地进行结构调整，主要问题是国有企业结构调整进展比较缓慢。由于国有企业仍是我国生产力的核心和主体部分，因此国有企业的结构问题对整个国民经济的结构调整有重大影响。这是当前结构问题突出的主要原因。

由于一国的经济发展总是在与国际经济的联系中进行的，因此经济结构的调整必然要影响到该国在国际产业分工中的地位，影响到该国的国际市场份额。所以，经济结构调整面对着激烈的国际竞争。在对外开放的格局下，经济结构调整涉及有效保护国内产业发展，涉及提高对引进技术的吸收消化能力和国产化水平，涉及提高外贸和利用外资的水平，促进外贸产品结构的优化升级等重大问题。因此，经济结构的调整优化，与发展民族经济和保护民族产业是紧密联系在一起的；与优化外贸结构和利用外资结构，提高对外开放水平，也是紧密联系在一起的。

总之，经济结构调整是涉及改革开放和经济发展的一项全局性的战略任务，是实现两个根本性转变的重要方面，是解决改革开放和经济发展中深层次矛盾的一场攻坚战，也是保持当前宏观经济好形势的迫切需要。经济结构矛盾突出，同经济体制改革没有到位有密切关系。根据经济结构调整的要求深化改革，特别是加快国有企业改革的步伐，发挥市场在资源配置中的基础性作用，是推进结构调整的重要保证。

4. 增强消费需求对经济增长的拉动作用

转变经济增长方式必须纠正投资与消费的失衡，增强消费在扩大内需和拉动经济增长中的作用。1999年8月我在《北京大学报》（哲学社会科学版）发表《关于扩大内需的研究》，论述内需是我国经济增长的基本动力，分析经济增长周期性波动和内需的关系，以及内需不足发生通货紧缩趋势的原因，提出消费需求的增长有很大潜力等观点。在此之前的6月2日，国务院总理朱镕基同志主持经济理论界专家座谈会，征求对经济形势和宏观经济政策的意见，我在会上发言建议加大刺激内需政策力度，其中提出"扩大消费需求潜力最大"，主要观点如下：

投资、消费、出口三大需求，是推动经济增长的三驾马车。从20世纪90年代以来我国经济运行的情况看，消费需求的作用比较稳定，出口需求的波动比较大，投资需求在经济增长波动中起着主要作用。增加投资需求从短期看是扩大内需的重头戏，但是我国投资率已经很高，今后继续提高投资率的余地不大。在三驾马车中，扩大消费需求的潜力最大。据统计分析，1981—1997年在国内生产总值中，最终消费的比重由67.5%下降到58.7%，居民消费的比重由53.1%下降到47.5%。国际上的平均水平前者为70%左右，后者为60%左右。在今后若干年内，如果上述两个比重每年分别提高1个百分点，直到接近国际平均水平，那么，扩大消费需求对经济增长的更大拉动作用就可以持续10年以上。

由于消费需求变化有其自身的规律，消费观念、习惯和消费结构的变化都有一个过程，加之政府对消费需求的影响往往是间接的，因而扩大消费需求必须作为一项战略，采取短期与中长期结合的综合政策措施。

当前居民消费需求增长趋缓、储蓄倾向上升的一个重要原因，是居民对未来收入与支出的预期出现了反差。一方面，近年来由于种种原因城镇和农村居民的收入增长速度有所减缓，同时由于宏观经济环境变化大，企业改革和结构调整步伐加快，下岗职工增加，低收入人群有所扩大，居民对未来收入增长的预期普遍下降；另一方面，住房、医疗、教育等各项改革的推进，又使居民对未来支出的预期普遍上升。因此，要促进居民即期消费需求的增长，一方面，要稳定、提高居民特别是中低收入人群的收入，包括完善下岗职工基本生活保障、失业保险和城镇居民最低生活保障等制度。可考虑适当提高三条保障线的标准，增加的部分可采取发消费品购物券的办法，鼓励即期的商品消费。同时还应当提高公务人员的工资，我国长期实行低工资制度，工资中未包括住房、医疗、子女教育等方面的支出。现在适当提高公务人员的工资正当其时，既有利于理顺分配关系，又可以促进即期消费。另一方面，推进住房、医疗等方面改革，要着眼于转换机制，历史的欠账应由政府和社会承担。体制、机制转换后需要个人负担的部分，也可以分步骤到位，通过收入的增加，由增量部分逐步消化。这样，尽量少改变存量分配，保护既得利益，有利于稳定居民的消费心理，增加即期的消费需求。

我国最终消费和居民消费在国内生产总值中的比重持续下降，并且过早地出现需求不足、生产过剩，有其深层次的结构性原因。

其一是产业结构调整滞后。在三次产业中，投资长期向第二产业过多地倾斜，并主要用于数量扩张，第二产业比重居高不下而结构又不合理，与消费需求的变化不相适应，导致工业产品普遍过剩，而第三产业和服务性消费在产业结构和消费结构中的比重又都偏低。因此，要促进消费需求增长，必须从产业结构和消费结构两个方面进行双向调整。

其二是城乡二元结构的矛盾。我国农村人口占全国人口的70%，而农村绝大多数居民的收入和消费水平都比较低，加上城市化的进程滞后于工业化进程，使得城市工业和乡镇工业发展到一定阶段，必然遇到农村居民消费基础相对狭窄而出现产品过剩的情况。因此，不断提高农村居民的收入和消费水平，同时加快城市化进程，逐步消除城乡二元结构，才能大大拓宽我国消费需求增长的基础。

其三是居民收入分配差距的扩大，加剧了生产和消费的矛盾。据调查统计，居民储蓄的大部分为占总数15%的高收入户拥有。一般说来，收入水平越高，边际消费倾向越低。因此，扩大消费需求的主要对象是占人口大多数的中低收入阶层。但是中低收入者的消费需求增长又受到收入水平及其增长幅度的限制。所以，调整收入分配结构，是扩大消费需求的治本措施。国家应当通过税收等再分配的调节手段，逐步缩小收入分配的过大差距，以消除因收入分配不合理对经济循环造成的障碍。

2008年下半年全面爆发的国际金融危机及其对我国经济的冲击，充分证明了中央历来强调的加快转变经济发展方式战略决策的正确性和重要性。我于2009年7月6日和2010年2月3日，在《人民日报》理论版分别发表了文章《危机对我国中长期经济增长格局的影响》和《关于转变经济发展方式问题》。文章指出：这次国际金融危机之后，我国发展的国内外环境和条件发生重大变化，应以危机为契机加快经济结构调整和发展方式转变，为此需要有一个中长期战略思路。两文从发展战略和宏观经济政策层面提出了应重点解决的问题。这两篇文章发表后，产生了较大的社会影响，均被《新华文摘》全文转载。

在《关于转变经济发展方式问题》一文中我提出要从经济体制机制上解决投资与消费失衡问题，主要观点如下。

为应对国际金融危机冲击，我国近两年内外需失衡已在调整，但投资与消费失衡问题还没有从经济体制和运行机制上得到解决。增强消费对经济增长的拉动作用仍然是今后调整需求结构的关键。投资与消费失衡主要是从较长时期来看的：2000—2008年，最终消费率从62.3%下降到48.6%，居民消费率由46.4%下降到35.3%。最终消费对经济增长的贡献率也由65.1%下降到45.7%。与此同时，投资率持续上升，由2000年的35.3%上升至2008年的43.5%，其中2003—2008年连续6年在40%以上。据世界银行统计，2007年高收入经济体GDP构成中，居民最终消费支出占62%，资本形成占21%；中等收入经济体这两个比重分别为60%和25%；中国分别为34%和44%。我国居民消费率明显偏低，投资（资本形成）率明显偏高。

消费是收入的函数，收入是决定消费的根本因素。我国居民消费近几年占最终消费的73%左右。最终消费率和居民消费率下降，同居民收入在国民收入分配中的比重下降有直接关系。2000—2007年，这一比重从65.5%下降到57.5%，下降8个百分点。同期劳动报酬在国民收入初次分配中的比重从51.4%下降到39.7%，下降11.7个百分点。再从储蓄率变化看，1999—2007年，我国总储蓄率从37.1%提高到51.8%，提升14.7个百分点，其中企业储蓄率从14.6%上升到18.8%，政府储蓄率从2.6%上升到10.8%，而居民家庭储蓄率从19.9%上升到22.2%，仅提高2.3个百分点。这说明，投资率持续上升主要是企业和政府储蓄率上升的结果。因此，纠正投资和消费失衡的治本之策，是调整国民收入分配结构。首先，提高劳动报酬在初次分配中的比重，改变企业“利润侵蚀工资”现象，落实最低工资制度，健全最低工资标准调整机制；充分发挥工资指导线、劳动力市场工资指导价位的调节作用；逐步在各类企业建立工资集体协商制度，使工资随着企业效益的提高而相应增长；引导企业依靠改善管理、技术创新提高劳动生产率和效益，减少对低劳动力成本的依赖，实现利润和工资双增。其次，加大政府对国民收入再分配的调节力度。消费率下降与居民收入分配差距扩大有密切关系。我国作为人口大国，大众消费是消费的主体。中等收入群体比重越大，整体消费能力就越强。因此，应加大“调高、补低、扩中”的再分配调节力度。再次，把提高居民收入在国民收入分配中的比重作为宏观经济政策和中长期经济发展的重要目标，并相应调整财政支出结构和政府投资结构。政府储蓄应主要用于增加公共财政支出，缩小医疗卫生、教育等公共产品和服务的供给缺口；加快建立包括农民工在内的所有企业职工和包括农民在内的城乡居民的基本社会保障体系。政府投资应主要转向公共事业领域，尤其是地方政府应减少生产建设投资。国有企业资产为全民所有，应继续通过国有股减持等途径划拨一定比例的国有资产用以扩充社会保险基金，其增量直接用于做实个人账户或提高保障水平。国有企业储蓄应更多地用于增加全民福利，为此可以适当提高中央国有企业利润上缴的比例。

5. 加快发展第三产业（服务业）

我较早关注和研究我国第三产业（服务业）发展严重滞后问题，1993年3月在《积极发展第三产业》一文中论述以下观点。

现在我国三次产业结构不合理，第三产业的比重过低。据世界银行对120个国家的统计分析，我国第三产业占国民生产总值的比重居第113位，在40个低收入国家中也排在后列。

要充分认识加快发展第三产业的重大战略意义。国际和国内的实践都证明，没有发达的流通部门和便捷可靠的交通运输、邮电通信以及金融保险等事业的保障，就难以形成完善的市场体系，市场机制的作用也难以得到进一步发挥。第三产业大部分行业能耗较低，投入产出率较高，加快它们的发展可以降低能源、运力等的弹性系数，以更少的投入得到更多的产出。加快交通通信、金融、商业、外贸、物资、流通、仓储等第三产业部门的发展，有利于加快物资、资金的流通，加快经济循环，减少物资库存和产成品资金的占用，从而提高企业的经济效益以及整个国民经济的运行效率和整体效益。提高经济效益和整个国民经济运行的质量，归根到底在于发展科技、教育，加快技术进步和科技成果向生产的转化，提高全体劳动者的素质。总之，要实现较高速度与较好效益的统一，在提高质量、优化结构、增进效益的基础上保持较高的速度，要把数量速度型的增长方式转变为结构效益型的增长方式，就必须把加快发展第三产业放在重要的战略位置上来。

加快发展第三产业，也是人民生活向小康水平过渡的重要条件。消费水平的提高，不仅表现在消费量的增加，而且表现在消费质量、档次的提高，消费结构的变化，以及消费领域的拓宽。既包括物质生活的改善，也包括精神生活的充实、提高；既包括个人消费水平的提高，也包括劳动环境、生活环境、社会环境的改善，以及社会保障制度的完善等。这就要求第三产业中为居民生活服务的部门，如交通通信业、商业饮食业、生活服务业、旅游业、金融保险业、咨询服务业，以及城市交通、供水、供电、供气、园林绿化等公用事业有一个大发展。同时也要求为提高居民科学文化水平和素质服务的部门，如科学教育、文化艺术、广播影视、卫生体育、社会福利事业等有一个大发展。既要求增加设施，也要求提高服务的质量和水平。

加快发展第三产业，最根本的是要深化改革、扩大开放。首先要进一步解放思想，更新观念。要按照社会主义市场经济的要求，破除妨碍第三产业发展的旧观念。例如，我们过去长期重生产、轻流通、轻服务，重视工业、忽视第三产业的发展，导致第一、第二产业与第三产业的比例严重失调。究其原因：一是把第三产业的多数行业看作只消耗物质产品而不创造价值的非物质生产部门；二是从产品经济的观点出发，排斥市场和竞争，使与市场经济有关的一些行业发展不起来；三是把第三产业中的许多行业，当作单纯的福利、公益事业，使其价格和收费严重背离价值和供求关系，无法得到发展。在以上观念的支配下，国有企事业单位、机关团体的一些第三产业，在体制上自成体系，自我封闭，效率低，效益差。第三产业的许多领域在1992年以前还是对外开放的禁区。因此要加快第三产业发展，就必须继续破除传统观念的束缚，加快改革开放的步伐，排除观念和体制上的障碍。

发展第三产业要以产业化、社会化为方向。大多数第三产业单位，应办成经济实体或实行企业化经营，做到自主经营、自负盈亏。现有福利型、公益型、事业型的第三产业单位，凡有条件的都应当逐步向经营型转变，实行企业化管理。机关、企事业单位的内部服务设施、交通运输工具以及信息、咨询机构，在不影响保密和安全的前提下，要向社会开放，开展有偿服务，并创造条件使其与原单位脱钩，自主经营，独立核算，逐步实现社会化，打破封闭式的自我服务体系。

2010年2月，我在《关于转变经济发展方式问题》一文中提出加快转变经济发展方式必须加快发展服务业特别是生产性服务业。主要观点如下：

我国服务业占GDP的比重明显偏低，尤其是同国内庞大的工业规模相比，生产性服务业发展严重滞后。这是制约我国经济发展方式转变的重要因素。加快发展服务业具有战略意义。发达国家经济增长之所以能够主要依靠服务业带动，并且创造出比主要依靠第二产业带动高得多的国民收入，就是因为服务业特别是信息、研发、金融、物流、商务等生产性服务业对发展专业化、市场化、国际化的产业分工体系有重大作用，可以极大地提高生产效率、经济效益和经济现代化水平。在制造业的价值链中，生产加工属低附加值的环节，而处于前端的技术研发、产品设计和处于后端的品牌培育、市场营销属于高附加值的环节。制造业的转型升级在很大程度上取决于生产性服务业所包含的技术、知识和人力资本对制造业的中间投入。生产性服务业越发展，对各类高中端人才的需求就越多，从而可以吸纳更多高校毕业生就业。发达国家从“工业经济”向“服务业经济”转型，集中体现在生产性服务业对制造业的渗透和融合，成为制造业技术、知识密集的心脏和起飞的翅膀。我国经济之所以能耗物耗高、技术含量和附加值低，缺少国际品牌和核心竞争力，主要原因在于长期以物质资源的“硬性”要素投入为主，而生产性服务等“软性”要素的投入严重不足。因此，加快服务业尤其是生产性服务业发展，是我国制造业转型升级的关键，也是我国经济发展方式从粗放型转向集约型的关键。

加快生产性服务业发展，当务之急是在现代金融、现代物流、商务服务、信息服务、技术研发服务等重点领域，在研发设计能力、高端人才、服务标准国际化水平等薄弱和关键环节，取得突破性进展。为此，应积极推进改革创新，深化垄断行业改革，打破市场分割，探索建立有效推动生产性服务业发展的新体制、新机制，尤其是要在金融业开放、技术研发投入方式、现代物流体系建设、信息服务政策支持、商务服务的国际融合机制等方面取得大的突破。应大力促进东部大城市率先进行经济转型，加快建设若干个具有金融服务功能、技术创新功能、商贸商务功能、信息支撑功能的大城市，带动我国生产性服务业的整体发展与功能提升。

6. 全面认识GDP的意义和缺点

转变经济增长方式，必须纠正经济发展中片面追求GDP增长速度的倾向，2003年6月我在《透过非典看中国经济》一文中提出，要全面认识国内生产总值（GDP）。主要观点如下：

GDP总量、人均GDP、GDP增长率，是反映一个国家（地区）经济实力及其动态变化的综合指标，并用以进行国家（地区）间的横向比较，或一个国家（地区）不同时期的纵向比较。但是，从经济和社会可持续发展的角度看，GDP也存在不少缺点。对此，20世纪70年代以来国际上已有不少研究。研究者指出，GDP将好的产出和坏的产出都一视同仁算在其中；GDP没有将污染、环境恶化作为成本加以扣除，甚至将其作为对经济增长的贡献，例如将污染产生人体疾病，医疗费用因此增加，也算入GDP增长之中；GDP只记录看得见、可以价格化的劳务，其他对社会有贡献的劳务却被摒除在外，例如家庭主妇或社会义务劳动的贡献都不计算在内；它并不把休闲视为一项价值，较低收入者并不因为有较多空闲时间而提高其价值，高收入者没有休闲时间并没有将这些时间算进去当成扣除所得的一项成本；GDP不能反映经济的公平性，它只计算总产出，但不计算这些产出与财富重新分配的关系；等等。

针对GDP的缺点，国际上也出现了不少突破其局限性的尝试。如有的学者主张把城市中的污染、交通堵塞等经济行为产生的社会成本从GDP中扣除。有的学者主张将经济增长中引起的自然资源的损耗作为成本加以扣除。有的学者提出一套衡量国家进步的指标，如计算财富分配的状况，计算社会成本，如失业率、犯罪率等；提出更严谨地区分经济活动中的成本与效益，例如医疗支出、超时工作是社会成本，不能算成对经济有贡献。1990年，联合国开发计划署提出人类发展指标，认为国民所得在达到一定程度以后，对人类带来的福祉、效益会逐渐递减。1995年，联合国环境署提出可持续发展指标等。

可以看出，上述尝试围绕一个中心，就是在经济发展中要重视保护自然资源与生态环境，重视可持续发展和社会全面发展。这些命题在我国也很有现实针对性。我国人口众多，人均资源不足，特别是水、石油、耕地等资源，人均占有水平更比世界平均占有水平低得多。我国现在人均GDP，还处在中低收入阶段，工业化、城镇化水平不高，但是由于长期偏重于粗放型经济增长方式，自然资源损耗和生态环境恶化的问题已经相当突出，可持续发展的形势严峻；地区之间、城乡之间、群体之间的收入分配差距呈扩大趋势，社会公平问题已经被提上日程；社会发展方面的投入不够，与经济发展不平衡；等等。因此有必要强调，应当全面认识GDP，包括它的积极意义和它的缺点。要继续坚持以经济建设为中心，把促进经济增长作为政府宏观调控的重要目标，同时也要强调，决不能以牺牲环境和浪费资源为代价求得一时的经济发展。重视用GDP表示的经济增长率，但要拒绝“一切为了GDP，GDP就是一切”的片面性。

还应看到，增长并不等于发展，增长指的是物质上、数量上的增长；发展既包括经济增长，也包括一个社会在生活质量、财富分配、精神文明、政治文明等方面的进步。现在有的地方政府实际上成了GDP政府，用很大精力直接抓建设项目，搞招商引资。在社会主义市场经济条件下，政府的职能主要是宏观调控、经济调节、市场监管，为经济发展创造良好的环境，同时应当把更多的精力放在社会管理和公共服务上。只有这样，才能真正抓好作为执政兴国第一要务的发展。

7. 正确判断我国经济潜在增长率

转变经济增长方式必须纠正经济界对我国经济潜在增长率过高估计和实际工作中片面追求高速度的倾向，我在《危机对我国中长期经济增长格局的影响》一文中提出，要正确判断我国经济中长期潜在增长率。主要观点如下：

我国改革开放30年来GDP年均增长率为9.8%，因而有一种普遍认同的观点是，我国GDP潜在增长率在9%～10%（我也赞同过这样的判断）。由于2003—2007年GDP年增长率连续5年在10%以上，也有观点认为我国GDP潜在增长率在10%以上。现在看来，对经济潜在增长率的高估和实践上追求过高的速度，对保持经济平稳较快发展是不利的，也是不切实际的。首先要看到，GDP增长速度和GDP总量有密切关系。GDP总量越大，每增长一个百分点所含的绝对量就越多。随着我国经济总量越来越大，GDP潜在增长率逐步下降是正常的，符合经济规律。其次要看到，我国2003—2007年的高速增长有其特殊的客观条件，包括美国经济和世界经济那几年处于高涨期，我国加入世界贸易组织后头几年释放出积极效应，亚洲金融危机后我国经济经过调整为后几年加速发展积蓄了能量，工业化、城镇化在一段时间内加快发展产生了带动效应等。再次要看到，虽然有这些有利条件的组合，但那几年的高速增长也付出了经济结构失衡、产能过剩、安全事故增多，以及资源消耗过大、生态环境恶化等较大代价。

事实证明，研究GDP潜在增长率，除了要考虑新增劳动力和劳动生产率提高两个基本要素，还要考虑国内外市场需求容量以及资源、环境承载能力。此外，改革开放以来，我国固定资产投资增长率除少数年份外，一般比消费增长率高10个百分点左右，因此经济增长从主要依靠投资拉动逐步转到更多地依靠消费拉动，GDP增长率也会相应降低。综合这些因素，我国今后中长期GDP潜在增长率为7%～8%的判断比较符合实际。这与“十一五”规划提出的预期增长率7.5%是一致的。应当说，能长期平稳地保持这样的速度，特别是使这样的速度建立在优化结构、提高效益、节约资源、保护环境的基础上，需要付出巨大努力。还应指出，由于服务业同重化工业相比每增长1个百分点所能吸纳的就业容量要大得多，而对能源、资源消耗和环境损害的成本却低得多，因此关键是要大力调整经济结构，从主要依靠发展重化工业带动经济增长逐步转到主要依靠发展服务业带动经济增长。这样，就可以抵消或减轻经济增长率降低对就业的影响，并且缓解经济增长与资源环境的矛盾。总之，至关重要的是在适当降低经济增长率的同时，通过调整优化结构，提高每个百分点经济增长率的就业容量、科技含量和投入产出效益，并降低资源消耗和环境损害成本。这正是我国应对危机带来的经济增长格局重大变化的出路所在。

8. 转方式、调结构和深化改革的关系

我国经济结构性矛盾的深层次原因在于存在着驱动而不是抑制粗放型增长的体制条件。2012年1月我在《人民日报》理论版发表《世界经济走势与中国经济大局》一文，其中论述了转方式、调结构和深化改革的关系。主要观点如下：

我国经济发展中不平衡、不协调、不可持续的问题，主要表现为结构性矛盾。具体说就是：在需求结构上过于依赖投资和外需，在产业结构上过于依赖第二产业，在投入结构上过于依赖物质投入和外延扩张；同时还表现在城乡、地区和贫富差距的扩大，以及经济增长和资源环境矛盾的加剧。多年来我们虽然为解决这些问题做了不少努力，并不断取得进展，但从总体上看，“三不”的矛盾和问题仍很突出。其原因是复杂和多方面的，包括我国是世界上人口最多的发展中国家，人多地少、底子薄，人均资源占有水平很低，城乡二元结构典型，地区发展很不平衡等基本国情，以及实行赶超战略和时间压缩型工业化路径，又正处在工业化、城

镇化加快阶段等特点，都是这些结构性矛盾和粗放型增长方式存在的客观条件。除此之外，还有两个重要原因：一是存在急于求成和追求过高速度的发展思路；二是存在驱动而不是抑制粗放型增长的体制条件。这样的发展思路和体制条件又相互强化。因此，当经济处于周期上行时，我国比别的国家更容易发生政府和企业投资过度扩张，并引起周期性经济过热，导致结构性矛盾和粗放型增长。而经济下行、需求紧缩，对经济发展固然不利，但由于市场竞争加剧，优胜劣汰法则对结构调整的强大作用就显现出来。现在正是充分利用市场需求紧缩的倒逼机制促进结构调整的有利时机，应当更加注重把稳增长和调结构、转方式紧密结合起来，更加注重在转方式中谋发展。理论和实践都证明，经济发展不仅是经济规模和总量扩大的过程，而且是经济结构调整和升级的过程。在经济发展减速的情况下，调整优化结构，可以通过提高结构效益和发展质量抵消减速的负面影响，并为长期更高水平的发展创造条件。现在，我国经济规模和总量已经很大，尤其是在全球需求紧缩、产能过剩和国内投资扩张受到市场容量不足、利润率下降等因素约束的条件下，更应把重点放在提高发展质量和结构优化升级等内涵增长上。

现在有一种强大的惯性牵引着我国经济在原来熟悉的轨道上前行，这种惯性主要来自现存利益格局决定的、改革尚不到位的体制机制。不深化改革，不排除体制机制障碍，经济发展方式就难以得到根本转变，也不可能加快转变。党的十六大和十七大都强调在更大程度上发挥市场在资源配置中的基础性作用，但在现实经济生活中，一些地方政府和相关部门对投资项目和经济发展的主导与过多干预仍然十分普遍。这是国民收入分配过多向投资倾斜、投资率持续攀升的重要原因。由于资本密集型的重化工业项目和基础设施项目投资规模大，对GDP和税收的贡献大，因而成为一些地方政府和相关部门主导的投资的首选；而这类项目建设周期长，借贷风险在短期内看不出来，又有地方政府或相关部门担保，银行也乐于贷款。于是工业固定资产投资和基础设施投资的比重以及银行中长期贷款的比重，多年来一直大幅上升。这一方面造成经济增长过分依赖投资和工业，另一方面造成许多行业产能过剩、经济效益下降和金融风险积累。因此，深化行政管理体制、政府投融资体制和党政干部政绩考核制度等方面的改革，是调结构、转方式的重要条件。

过分依赖投资和工业，同我国生产要素和资源价格形成机制改革不到位有密切关系。建立在低成本之上的粗放型增长方式，其实并非真正的“低成本”，而是由于生产要素和资源价格没有真正反映资源稀缺程度、市场供求关系，也没有把环境损害成本包括在内。因此从全局和长期看，粗放型增长的成本和代价其实是相当高昂的。只有积极推进生产要素价格市场化改革，才能釜底抽薪，以经济手段迫使市场主体出于追求自身利益去节约资源、保护环境，从而加快经济发展方式的转变。推进要素价格改革同深化国有企业特别是垄断行业改革也有密切关系。党的十七大报告指出，深化垄断行业改革，引入竞争机制，加强政府监管和社会监督。现在有些垄断行业的利润率很高，其中相当一部分靠垄断因素获得的利润并没有上缴国家或给社会分红，而是由这些行业和企业用于投资扩张，这也是推高投资率的重要原因。同时，只有引入竞争机制，才能使垄断行业改善生产经营、改善对用户和消费者的服务。

9. 高质量发展的内涵和要义

习近平总书记在党的十九大报告中指出："我国经济已由高速增长阶段转向高质量发展阶段，正处在转变发展方式、优化经济结构、转换增长动力的攻关期，建设现代化经济体系是跨越关口的迫切要求和我国发展的战略目标。"2018年1月和2月我分别在《人民日报》理论版和海外版发表《关于我国经济高质量发展的几点认识》和《建设现代化经济体系的几个问题》两篇文章，论述了高质量发展和建设现代化经济体系的重大意义、深刻内涵和重要举措。其中关于高质量发展的内涵和要义的论述如下：

我国经济高质量发展，是能够更好地满足人民日益增长的美好生活需要的发展，是体现创新、协调、绿色、开放、共享发展理念的发展，也应是生产要素投入少、资源配置效率高、资源环境成本低、经济社会效益好的发展。具体来说，经济高质量发展的内涵和要义应包括以下几个方面。

商品和服务质量普遍持续提高的发展。经济发展不仅表现为数量的增加，而且表现为质量的提高。适应新时代满足人民日益增长的美好生活需要，高质量发展应当不断提供更新、更好的商品和服务，满足人民群众多样化、个性化、不断升级的需求，既不断开辟新的消费领域和消费方式，改善、丰富人民生活，又引领供给体系和结构优化升级，反过来催生新的需求。如此循环往复、相互促进，就能推动社会生产力和人民生活不断迈上新台阶。但在高速增长阶段，重速度轻质量是一个通病。当前，商品和服务质量不适应国内外需求已成为我国经济明显的短板。不经历一场深刻的质量变革，高质量发展便难以实现。要在全社会牢固树立质量第一的理念，把提高供给体系质量作为主攻方向，大力发展先进制造业和现代服务业；在各行各业开展质量提升行动，向国际先进标准看齐；增加用于提高质量的科研和生产投入，加强企业、行业的质量管理，在生产流通的各个环节严把质量关。通过坚持不懈的努力，使中国制造和服务成为高质量的标志，显著增强我国经济的质量优势。

投入产出效率和经济效益不断提高的发展。价值规律是市场经济的基本规律，它的本质要求就是以最小的生产要素投入（费用）取得最大的产出（效益）。高质量发展的重要标志是不断提高劳动、资本、土地、资源、环境等要素的投入产出效率和微观主体的经济效益，并表现为企业利润、职工收入、国家税收的持续增加和劳动就业不断扩大。但在高速增长阶段，伴随着粗放型增长模式的是投入产出的较低效率，突出表现为资金利用效率下降，国内生产总值每一个百分点的增长需要投入的资金越来越多，导致杠杆率大幅提高，低效甚至无效投资和产出的比重上升，金融风险随之不断积累。实现高质量发展，必须以供给侧结构性改革为主线，推动一场深刻的效率变革。一是着力解决实体经济供需失衡、金融和实体经济失衡、房地产和实体经济失衡这三大失衡，坚定不移推进“三去一降一补”，调整存量、减少低质无效供给，做优增量、扩大优质高效供给，提高供给体系整体效率。二是着力实施乡村振兴战略和区域协调发展战略，为经济发展培育新动力、拓展新空间。三是着力加快建设实体经济、科技创新、现代金融、人力资源协同发展的产业体系，通过生产要素合理流动和优化组合、企业兼并重组，加快发展新兴产业和新业态、新模式，改造提升传统产业，促进经济结构持续优化升级，提高整体经济的结构效率。世界工业化、现代化的历史，就是产业结构随着技术革命不断优化和升级的历史，从而不断促进新产品、新行业、新产业发展，带来国民经济整体效率和效益的提高。推动我国经济高质量发展，必须适应世界新一轮科技革命和产业变革趋势，引领我国产业结构朝着高级化、现代化的方向发展，在国际产业链、价值链的阶梯上持续向中高端攀升。

创新成为第一动力的发展。创新之所以成为发展的第一动力，是因为当今世界经济社会发展越来越依赖于理论、制度、科技、文化等领域的创新，国际竞争力越来越体现在创新能力上。科技创新与经济发展的关系尤为密切。科学技术是第一生产力，是作为“乘数”作用到劳动力、资本、技术、管理等生产要素上去的。科技创新的“乘数效应”越大，对经济发展的贡献率就越大，发展质量也就越高。但在高速增长阶段，经济增长主要依赖劳动力数量优势和物质资源大量投入。2012年以来，我国适龄劳动人口连续出现总量和比重双下降，劳动力市场供求关系发生重大变化，物质资源大量投入也遇到“天花板”。与此同时，世界科技革命和产业变革对我国新旧动能转换既提供了机遇也形成了倒逼。

没有深刻的动力变革，质量变革、效率变革都难以实现。推进动力变革，要大力培育发展新动能，加强国家创新体系建设，深化科技体制改革，建立以企业为主体、市场为导向、产学研深度融合的技术创新体系，加强对中小企业创新的支持，促进科技成果转化；倡导创新文化，强化知识产权创造、保护、运用；培养造就一大批具有国际水平的科技人才和创新团队；激发和保护企业家精神，鼓励更多社会主体投身创新创业；优先发展教育事业，加快教育现代化，建设知识型、技能型、创新型劳动者大军，弘扬劳模精神和工匠精神，加快从劳动力数量红利向质量优势转换。

绿色成为普遍形态的发展。绿色发展是当今世界潮流，更是新时代我国人民对美好生活的迫切需要，也是经济社会可持续发展的内在要求，因而是高质量发展的重要标志。由于我国工业化是时间压缩型的（西方国家用了两百多年，我国只用了几十年），因而在经济高速增长的同时，也造成了环境污染严重、生态系统退化的问题，人民群众对良好生态环境的需求越来越强烈。同时，绿色低碳技术的迅猛发展和我国经济实力的大幅提升，也使我们现在有条件加快恢复被破坏的生态环境。要进一步在全社会树立绿色发展理念，加快形成促进绿色发展的政策导向、体制机制和法律法规，发展绿色金融，促进节能环保、清洁生产、清洁能源等绿色产业发展，倡导绿色出行等绿色消费方式，健全绿色低碳循环发展的经济体系，努力使绿色发展成为普遍形态，形成人与自然和谐发展的现代化建设新格局。

经济重大关系协调、循环顺畅的发展。经济出现周期性衰退、危机，是资本主义市场经济的规律，源于重大经济关系严重失调，经济循环阻塞。许多国家受严重经济衰退和金融危机冲击，经济发展长期徘徊不前。过去的几十年我国经济也存在周期性波动，最重要的是要避免经济发展大起大落和防范系统性金融风险。因此，高质量发展必须保持国民经济重大比例关系协调和空间布局比较合理，生产、流通、分配、消费各环节循环顺畅。要创新和完善宏观调控，发挥国家发展规划的战略导向作用，健全财政、货币、产业、区域等经济政策协调机制。加快建立现代财政制度，控制地方政府隐性债务风险。深化金融体制改革，提高直接融资比重，稳定宏观杠杆率，健全金融监管体系，守住不发生系统性金融风险的底线。

坚持深化改革开放的发展。同过去30多年一样，在高质量发展阶段，改革开放依然是发展的必由之路和强大动力。从发展不平衡不充分来看，虽然主要原因是生产力发展水平不够高，但有些领域的发展不平衡不充分则与导致资源错配的体制机制弊端密切相关。表现为三大失衡的结构性矛盾，其根源就在于生产要素配置扭曲，必须靠深化要素市场化改革才能从根本上解决。完善产权制度，实现产权有效激励，才能进一步激发全社会创造力和发展活力，推动质量变革、效率变革、动力变革，提高全要素生产率。对外开放也是改革，开放倒逼改革、促进改革，高水平的开放是高质量发展不可或缺的动力。因此，推动高质量发展，必须加快完善社会主义市场经济体制，使市场在资源配置中起决定性作用，更好地发挥政府作用，进一步扩大对外开放，推动形成全面开放新格局。

实现共享为根本目的的发展。共享是中国特色社会主义的本质要求，是坚持以人民为中心的发展思想的重要体现，也是逐步实现共同富裕的必然要求。改革开放以来，我们已经走在共享发展成果和逐步实现共同富裕的正确道路上，先后使7亿人摆脱贫困，人民生活实现总体小康，正在向更高水平的全面小康迈进。但是，城乡、区域发展差距和居民收入分配差距仍然较大，部分群众生活还比较困难。实现全体人民更加公平地共享发展成果，既是高质量发展的根本目的，也是充分调动绝大多数人积极性、主动性、创造性，形成推动高质量发展强大动力的必要条件。要坚持在发展中保障和改善民生，在发展中补齐民生短板，如期实现脱贫攻坚任务；实现更高质量和更加充分的就业，使人人都有通过辛勤劳动实现自身发展的机会；坚持居民收入增长与经济发展同步、劳动报酬增长与劳动生产率提高同步，拓宽居民劳动收入和财产性收入渠道；全面建成覆盖全民、多层次的社会保障体系；通过政府再分配调节和推进基本公共服务均等化，缩小收入分配差距，让改革发展成果更多更公平地惠及全体人民。

高质量发展既然是一个阶段，就不是短时间内可以完成的，它是渐进的、积小变为大变的、从量变到质变的过程。虽然是长期任务，但应把阶段性目标分解为年度任务，从当前抓起，稳步推进。推动我国经济高质量发展，最根本的是要用习近平新时代中国特色社会主义思想武装头脑、指导实践、推动工作，全面贯彻落实党的十九大精神，以新时代的高昂精神状态奋力推进各项工作。

三 虚拟经济和实体经济关系研究

正确处理实体经济和虚拟经济的关系，是保持经济协调健康发展的重要问题。1997年亚洲金融危机爆发后，我于1998年1月和4月先后发表《亚洲金融危机对我国经济的影响和对策建议》《亚洲金融危机的成因及其对我国的启示》等文章，并送国务院领导参阅。在这两篇文稿中，我提到了虚拟经济，实体经济和金融监管的问题。之后，2001年3月我与张昌彩同志合作撰写了《论虚拟经济及其对实体经济的影响》一文，对虚拟经济问题作出了系统论述，提出虚拟经济是一把“双刃剑”，主张虚拟经济的健康发展应当以实体经济为基础，并始终为实体经济发展服务。主要观点包括以下几个方面。

1. 虚拟经济发展的现状

所谓虚拟经济，是指相对独立于实体经济的一种虚拟资本独立化运动和价格决定的经济形态。其本质内涵是虚拟资本以增值为目的进行独立化运动的权益交易，主要是指信用制度膨胀下金融活动与实体经济偏离或完全独立的那一部分经济形态。自20世纪80年代以来，世界主要工业国家和一些新兴市场国家的虚拟经济飞速发展。目前全世界虚拟资本每天的平均流动量已高达2万亿美元以上，约为世界日平均实际贸易额的50倍。可以预计，随着电子商务和电子货币的发展，虚拟资本的流动会更快，虚拟经济的规模还会膨胀。

近20年来，虚拟资本呈现出越来越丰富的趋势，资本的虚拟化程度也越来越高，如证券化资产和金融衍生品层出不穷。包括：股票和公司债券、政府债券等有价证券，资产证券化，各种金融衍生品。金融衍生品主要表现为两种形式：一种是股票、债券、外汇等金融资产的期货、期权合同，这是一种初级衍生物，它们还保持着个别金融资产交易的形式。另一种是各类指数期货、期权合同。20世纪80年代以后出现的利息率期货，股票指数期货和物价指数期货交易是衍生物的高级形式，也是虚拟资本的高级形式，它们从根本上割断了与任何个别实际资产的联系。交易双方甚至抛弃了金融期货那种纯粹“幻想的交易”的外壳，就股票指数等的涨、落打赌。

2. 虚拟经济急剧增长的原因分析

（1）货币与商品的脱离及独立运动是虚拟经济产生的本质起因。

（2）虚拟资本数量的急剧增长和经济虚拟化的发展，是由于资本主义经济高度发达和市场经济日益成熟后，实体经济容纳不了过多的货币资本。一方面，各行业竞争激烈，市场饱和，投资、生产和销售困难，产业资本利润回报率降低，一部分产业资本成为过剩资本，从各生产及贸易领域退出，从事短期金融投机活动；另一方面，发达市场经济中的居民长期积累的财富要进行投资活动，从整个社会来看，它的总额相当巨大。这种金融市场中的资本过剩是虚拟经济得以大幅度增长的基础。

（3）金融深化、金融自由化和金融国际化理论推动了虚拟经济的急剧增长。

（4）规避风险是虚拟资本中金融衍生品产生和发展的最初动因。

（5）信息技术的发展为虚拟经济的急剧增长提供了可能和支撑的条件。

3. 虚拟经济对实体经济发展的积极作用

（1）虚拟经济可以为实体经济动员储蓄，提供融资支持。

（2）虚拟经济有助于分散经营风险，降低交易成本。

（3）虚拟经济可以更好地揭示和传递实体经济的信息，提高实体经济运作的效率。

（4）虚拟经济有利于促进资源优化配置，提高实体经济效益。

（5）虚拟经济通过财富效应刺激消费和投资需求，拉动实体经济的增长。

4. 虚拟经济对实体经济发展的负面影响

虚拟经济是一把“双刃剑”。它既是适应实体经济的需要而产生，可以促进实体经济的发展，也可能会对实体经济带来较大的负面影响甚至是破坏性的损害，主要是使国民经济发生动荡和危机的可能性增加。

（1）虚拟货币的过量发行和银行信贷呆坏账的大幅增多，会动摇实体经济正常运行的秩序和信用基础。

（2）虚拟经济的发展增加了实体经济运行的不确定性和投机风险。特别是金融衍生品等形态的虚拟资本，具有以较少保证金垫付实现很大倍数交易额的“杠杆效应”，从而使虚拟资本的交易的利润与风险成倍增加，并在人们心理的预期收益与预期风险等影响下引发投机活动。这种投机活动可能造成金融市场的较大波动或动荡，甚至导致风险巨大的投机和金融危机。

（3）虚拟经济的过度膨胀减少了进入实体经济的资金，降低了金融资源的有效利用率。当虚拟经济发展到过度膨胀时，在一定时期或在某些国家和地区，金融市场中存在着大量投机行为和炒作活动，其投机收益大大高于实体投资利润。巨大的收益反差导致社会资本游离实体经济，而追逐金融市场的炒作，使大量的资金滞留在股票二级市场或衍生工具市场进行循环炒作，而不能进入实体经济领域。尤其在发展中国家，往往出现生产流通中资金短缺与金融市场上巨额游资并存的状况，对经济发展十分不利。

（4）虚拟经济的扩张可能出现经济泡沫过度，引发泡沫经济的产生，导致对实体经济的巨大破坏。

（5）虚拟经济的跨国扩张严重危及世界经济安全，特别会对发展中国家的实体经济造成巨大冲击。金融市场的全球一体化和金融业务国际化、自由化，使国际资本流动急剧增长和快速扩张。特别是在金融创新的推动下，以各种对冲基金为主的国际投机资本也应运而生，并迅速增长。

5. 正确认识和处理虚拟经济问题及其与实体经济的关系

（1）充分认识虚拟经济对实体经济发展的积极作用，适度发展虚拟经济。

（2）对金融深化、金融自由化和金融国际化等理论要深思和慎行。我国在加入WTO之后，将逐步放开金融市场。在这一新的形势下，对“三化”理论要深思和慎行，有步骤、分阶段地推进虚拟经济各层次形式的发展，正确地把握资本市场的开放程度和汇率的自由兑换进程。

（3）正确处理实体经济、虚拟经济与泡沫经济的关系，把握好虚拟经济发展的“度”，使虚拟经济与实体经济的发展形成良性互动。

（4）注意防范和控制我国经济的泡沫风险，抓紧化解已形成的过度经济泡沫。对已经形成的经济泡沫，要采取有力措施抓紧化解，如对银行的注资和国有企业的债转股等。与此同时，要完善上市公司产生机制，提高上市公司质量；采取有效措施，防止生产领域资金过度进入股票二级市场及房地产市场；严格控制银行资金直接进入股票二级市场；加强金融衍生品的管理，做好规模和风险控制。

（5）建立经济预警系统，增强金融交易的透明度，完善市场法规，加强金融监管。

（6）加强对国际资本流动的监控，严防国际投机资本的冲击。要高度重视对国际资本流动的及时监控，密切关注国际投机机构的动向。特别是在我国推进利率市场化、资本市场扩大对外开放的情况下，必须大力提高对国际游资的监控能力以及对国内金融市场的监管能力，以防范国际投机资本的冲击和炒作。

2008年爆发的国际金融危机证明，上述观点和政策建议是有针对性和预见性的。

四 经济社会可持续发展研究

1. 实行可持续发展战略的重大意义

我较早关注和研究经济与社会的可持续发展问题，1995年10月发表了《实现经济与社会的长期可持续发展》，在该文中论述了以下观点：

经济发展是社会发展的前提和基础，社会发展是经济发展的结果和目的。经济发展和社会发展是相互依存、相互促进的。我国是发展中的大国，人口多，人均资源少，经济和科技发展水平远落后于发达国家，国内地区之间经济发展很不平衡。这是我国经济发展和社会发展所面临的基本国情和条件。一方面，为满足12亿人口的基本需要和日益增长的需求，必须坚定不移地把发展经济放在第一位，保持较快的经济增长速度，并逐步提高经济增长的质量。这样，才能消除贫困，使全国人民的生活水平不断提高，也才能为解决各种社会问题、发展各项社会事业，推动社会全面进步提供所需资金，并创造必要的物质技术条件。人类的历史就是在生产力发展的基础上不断推动社会发展的历史。没有经济的发展，社会发展就没有根基。另一方面，经济发展本身并不是目的，它的根本目的在于不断满足全国人民日益增长的物质、文化生活需要，实现社会全面进步。同时，社会发展又是经济发展的重要条件。社会发展促进国民素质包括道德修养、身体健康、文化知识、科学技术等方面水平的提高，促进公平、安全、稳定、有序的良好社会环境的形成，从而有利于推动经济进一步发展。

从经济发展和社会发展的客观内在联系来看，它们是相互依存的，但是要使它们在发展进程中相互协调和相互促进，则必须通过制定正确的发展战略和方针政策，并用以指导经济和社会发展的实践才能实现。大量事实证明，经济发展不会自动带来社会发展，许多社会问题不会随着经济的发展自动消失。例如，资源与生态环境的破坏、自然灾害的频繁发生、人口的过快增长、贫富差距悬殊、伴随工业化出现的城市病，以及新的疾病对人类的威胁等，都不是经济发展所能直接解决的。有些社会问题的产生甚至是由经济增长的不合理方式带来的。西方发达国家和有些发展中国家，在工业化过程中就曾经造成资源破坏、环境污染、大量失业、贫富差距悬殊以及社会风气败坏、城市病等严重问题，并为此付出了沉重的代价。我国是社会主义国家，有辩证唯物主义和历史唯物主义的世界观作指导，能够正确认识人口、资源、环境的辩证关系。我国又是发展中国家，有前车之鉴，可以也应当避免走别人走过的弯路，做到经济发展和社会发展相互协调、相互促进。

可持续发展战略，不只是谋求国民经济的持续发展，即短期和中期保持社会总供求基本平衡和宏观经济稳定，以实现经济持续发展，而且是谋求经济发展与人口、资源、环境的协调，以实现经济和社会的长期可持续发展。走可持续发展的道路，是我国现代化建设的必然要求，也是唯一正确的战略选择。

第一，新中国成立40多年来特别是改革开放17年来，我国经济和社会发展都取得了举世瞩目的成就，显示了经济发展与社会发展相互促进的关系。但由于我国人口众多，满足人口增长和人民基本需求的压力很大，而我国经济、科技发展水平低，经济管理体制不合理，经济增长的模式以粗放型的外延扩张为主，因而人口增长、经济发展同保护资源、生态、环境的矛盾很大。今后随着人口和经济的规模越来越大，这种矛盾将越来越尖锐。以往那种经济增长方式在今后已难以为继。今后15年我们要全面实现第二步战略目标，并向第三步战略目标迈进，使全国人民生活实现小康，并进一步达到更加宽裕的水平。实现这样的奋斗目标，要求我们不能只注重经济规模的扩大和数量的增加，而必须更注重质量和效益的提高，注重资源的节约和生态环境的保护，从而保持经济和社会的长期可持续发展。

第二，社会主义市场经济体制的建立和实施，必然会更快地推动经济发展和社会进步，但同时也会产生一些新的社会问题，诸如在关注经济效益的同时会对社会发展的一些目标及合理的价值观念造成冲击，出现社会财富分配的不公平，不能够保证充分就业，出现贫困人口，等等。解决这些问题，除了要在社会主义市场经济体制中，坚持以公有制为主体、以共同富裕为目标外，还必须在经济和社会发展中，实施正确的战略和方针政策，发展社会主义民主和法制，维护社会稳定，调节社会分配，形成安全、公平、文明的社会环境，以实现经济和社会的长期可持续发展。

第三，当今国际环境和世界潮流也要求我们实施长期可持续的发展战略。冷战结束以后，和平和发展成为当今世界的主题。经济、科技的作用更加重要，各国对社会发展更加重视。社会发展越来越成为全球发展战略中的重要课题。我国政府积极参与国际的各项社会发展活动，并对人口、经济、社会、环境、资源的相互协调作出了庄严的承诺。我国人口占世界人口的五分之一，保护我们的资源、生态环境，使经济和社会协调发展，就能为人类的共同利益和全球的社会繁荣、进步与文明，作出更大的贡献。

我国社会发展虽然取得了重大成就，但同时也存在许多矛盾和问题。主要是：①在认识上和实际工作中，仍然不同程度地存在着重视经济发展和物质文明建设、轻视社会发展和精神文明建设的现象。这不仅表现在对社会发展的一些重要领域物质投入不足，基础设施落后，而且表现在两个文明建设不同步，经济发展很快，而腐败、丑恶现象却有所滋长蔓延，有些地方社会风气和社会治安状况较差。②社会发展领域的改革虽然在探索中取得了不少进展，但是从总体上看滞后于经济体制改革。社会发展领域一方面投入不足，不能适应发展的需要；另一方面财力、物力、人力又存在严重浪费，不必要的重复建设、布局不合理、现有设施利用率不高、效益差等现象相当普遍。其重要原因就是社会发展领域的管理体制和运行机制不合理，国家包揽过多，规章制度不能适应新的形势，加之管理不严，因而漏洞很多。③由于人口增长、就业等方面的压力很大，经济增长方式以粗放型的数量扩张为主，加上经济体制改革还没有到位等原因，在生产、建设、流通等各个领域，对资源的浪费破坏和环境的污染相当严重，人口增长、经济发展同保护资源、环境的矛盾越来越尖锐。因此，从“九五”时期到2010年，社会发展方面要解决的问题很多，任务相当繁重和艰巨。

我国经济快速发展已造成资源大量消耗，环境污染严重，今后如果不协调好经济发展同合理使用资源、保护生态环境的关系，经济社会发展就难以持续，也不可能为子孙后代创造可持续发展的条件。我们一定要坚持环境保护的基本国策。到20世纪末力争使环境污染和生态破坏的趋势得到基本控制，部分污染严重的城市和地区环境质量有所改善；2010年基本改变生态环境恶化的状况，城乡环境有比较明显的改善。实现上述目标，必须坚持经济建设、城乡建设和环境建设同步规划、同步实施、同步发展的方针。加强环境保护立法，严格执行有利于环境保护和减轻自然灾害的产业政策、经济政策、技术政策。要加强对工业污染的控制治理，所有建设项目都要有环境保护规划和要求，大力发展生态农业，加快水土流失地区的综合治理和防护林建设。城乡建设都要合理规划，严格控制用地。要依法保护和合理开发利用土地、水、森林、草原、矿产和其他自然资源。

改革是加快社会事业发展的强大动力，要认真搞好社会发展领域的改革，进一步调动各方面的积极性，建立国家、集体和个人一起办、社会各界广泛参与的社会发展机制；建立以社会效益为主、兼顾经济效益的运营机制，以促进社会事业全面发展。社会发展的许多领域具有社会公益性质，不能完全依靠市场机制，需要更多地依靠政府来组织、管理、协调和支持。随着改革的深化和政府职能的转变，各级政府应当把更多的精力放在社会发展的工作上。

2. 正确处理经济建设和人口、资源、环境的关系

1995年10月我在《正确处理经济建设和人口、资源、环境的关系》一文中论述以下观点：

可持续发展战略，是经济建设与人口、社会、环境和资源相互协调的，既能满足当代人的需求而又不对满足后代人需求的能力构成危害的发展战略。实行长期可持续发展战略，是我国“九五”时期和下一世纪现代化建设的必然要求，也是唯一正确的战略选择。

自然资源是经济发展的重要物质基础。然而，人类所面临的现实是，无论就一个国家而言还是就全球而言，可用于经济建设的自然资源都是有限的，因此，为了人类的可持续发展，经济建设中必须珍惜资源、保护资源，有效地开发利用资源。劳动力资源同样是经济发展不可缺少的基本要素。人口增加是劳动力增加的源泉，但人口增加过多过快会造成就业压力，使人均资源占有量降低，不利于人口质量的提高，给经济和社会的可持续发展带来困难，而且人口过多将相对地减少每个人所能分享到的经济发展的成果，不利于人民生活水平的提高。因此，人口的规模和增长要与经济建设相适应。经济建设活动必然对环境产生影响。经济发展是手

段，满足人民的物质和文化生活需要，使人民的生活质量不断改善才是根本目的。清洁、优美的环境是生活质量的一个方面，如果环境在经济发展过程中遭到破坏，污染加剧，那么这种经济发展就背离了提高人民生活水平的根本目的，而且环境污染和资源破坏反过来会制约经济发展。因此，经济建设必须与环境相协调。

随着工业化和人口的发展，人类对自然资源的巨大需求和大规模开采消耗已导致资源基础的削弱、退化和枯竭。如何以最低的环境成本确保自然资源可持续利用，是目前各国在经济和社会发展中面临的一大难题。历史的经验值得借鉴。西方发达国家和有些发展中国家在工业化过程中曾经造成资源破坏、环境污染、大量失业、贫富差距悬殊以及社会风气败坏、城市病等严重问题，并为此付出了沉重的代价。特别是在工业化加速发展时期，上述问题往往呈急剧恶化态势，社会后果极为严重。从总的发展过程来看，许多发达国家走的是一条"先污染后治理"的道路，付出了高昂的代价：一是，既然先有一个污染的过程，那么污染的过程也就成了人民生活质量受到损害的过程；二是，事后治理污染所需要的费用远比预防费用要高；三是，污染已经发生、资源已遭破坏后，往往很难从根本上得到治理，很难彻底恢复原来的环境和资源面貌。二十世纪六七十年代以来，随着经济的发展，西方发达国家开始普遍重视对环境污染的预防和治理，环境质量从总体上讲有所改善，但仍有许多尚待解决的问题。

许多发展中国家由于面临着与发达国家不断拉大的经济发展水平差距，往往片面强调工业化，注重加快经济发展，赶超发达国家，忽视经济与社会、人口、资源、环境协调发展，导致严重的经济和社会问题，这同样应当引以为鉴。在一些发展中国家，贫困、人口增长和环境破坏之间形成了一种恶性循环，撒哈拉以南非洲农业的停滞不前便是典型的例证。人口的急剧增长导致土地和其他资源的过度开发利用，在布隆迪、肯尼亚等国家，土地的休耕期已短到不足以恢复土壤肥力的程度，土地退化和森林砍伐反过来又降低了生产率。目前，发展中国家有10亿人无法获得清洁的饮用水，17亿人缺少卫生设施。在曼谷、墨西哥城和雅加达等城市，过度抽取地下水已造成了城市下沉、结构性危害和洪水。发展中国家在实现经济与社会的可持续发展方面正面临着巨大的挑战。

我国正处于经济快速发展的历史时期，由于人口多、底子薄、人均资源少、经济技术水平比较落后，经济基础差，技术水平低，经济增长方式是传统的粗放型增长方式，资源消耗量大，污染严重，生态基础薄弱，各种矛盾相互交织和激化。在今后的工业化、现代化进程中，如果继续沿用传统的发展模式，以资源的高消耗和环境污染为代价来追求经济数量增长，那么自然资源的可持续利用必然受到威胁，可持续发展的实现就没有保证。因此，以较低的资源和环境代价来获得经济的持续、快速增长，是中国特色的可持续发展的战略选择。

我国自然资源从总量上讲虽然比较丰富，但人均资源占有量与其他许多国家比相对较少。我国人均淡水、耕地、森林和草地资源分别只相当于世界平均水平的28.11%、32.3%、14.3%和32.3%，而且，人均数量和生态质量仍处于继续下降或恶化状态。由于我国经济增长方式仍以粗放型为主，在人口和经济的迅速增长过程中，自然资源的开发强度不断加大，造成局部地区资源破坏、浪费和环境恶化。加之我国科学技术水平低，管理落后，资金紧张，使污染的治理相对滞后。我国的能源结构以煤为主，煤炭约占能源消费构成的75%，清洁能源所占比重小，燃煤和煤炭工业加工与开采产生大量污染物，导致严重的大气污染。此外，我国产业结构也不合理，能耗低的服务业所占比重小，而能耗大的工业所占比重较大，经济增长越快、经济规模越大，能源需求和环境污染的压力就越大。目前全国80%左右的污水未经处理直接排入水域，造成全国1/3以上河段受到污染，大部分城市和地区的淡水资源供给受到水质恶化和水生态系统破坏的威胁。森林资源供求矛盾十分突出，近海海域生态环境趋于恶化，海洋生物资源丰度锐减，陆源污染物和海上污染物的直接排放，使沿岸海域受到不同程度的污染。

“九五”时期和进入21世纪以后，我国的人口将继续增加，经济将继续保持持续、快速发展，因而对资源的需求量将进一步增加，保护生态环境的压力也将进一步加大。据预测，如果不采取有效的对策措施，那么在未来15年内，我国北方地区和沿海城市缺水问题将进一步恶化，经济发展和人民生活水平提高将受到水资源不足的严重制约；耕地资源将继续减少，人均耕地下降幅度更快，粮食供给压力进一步增大；国内主要矿产资源对国民经济发展的保证程度将下降，除煤以外，其他主要矿产都很难充分保证需要；工业产生的污染负荷将继续增加，酸雨危害日趋严重；农业生态环境将进一步恶化，水土流失和沙漠化呈继续发展趋势。

解决经济发展与资源、环境之间的矛盾，出路在于实行可持续发展战略。我国的可持续发展必须建立在资源的可持续利用和良好的生态环境基础上。为此，国家要保护生态系统的完整性，保护生物多样性；解决水土流失和荒漠化等重大生态环境问题；要保护自然资源，保持资源的可持续供给能力；要发展森林，改善城乡生态环境；要预防和控制环境破坏和环境污染，积极治理环境污染；积极参与保护全球环境、生态方面的国际合作活动。

为了确保有限的自然资源能够满足可持续发展的需要，我国必须坚持“保护资源、节约和合理利用资源”的方针和“谁开发谁保护、谁破坏谁恢复、谁利用谁补偿”的政策，健全法制，强化管理，依靠科技进步，挖掘资源潜力，同时充分运用市场机制和经济手段来有效地配置资源，坚持走提高资源利用效率和资源节约型经济发展的道路。

五 应对我国人口老龄化研究

2006年下半年我受社会科学基金办公室委托，主持研究《应对我国人口老龄化》课题，2007年6月我撰写了《应对我国人口老龄化的政策建议》，并报送国务院领导同志参阅，国务委员兼国务院秘书长华建敏同志批示劳动和社会保障部、民政部等有关部门阅研。该课题研究成果被社会科学基金办公室评为优秀成果、被民政部评为全国征文二等奖。研究报告主要内容如下：

人口老龄化是指老年人口在总人口中比重的提高过程，反映人口年龄结构的变化。按照联合国的划分标准，当一个国家或地区60岁以上人口所占比例达到或超过总人口的10%，或者65岁以上人口达到或超过总人口的7%时，其人口称为“老年型”人口，其社会称为“老龄化社会”。

从已进入老龄化的国家来看，人口老龄化对经济社会发展的不利影响主要有：社会负担加重（社会抚养比上升），劳动力供给减少，消费与储蓄水平下降，社会保障体系和公共服务压力加大，社会代际关系受到影响等。我国人口老龄化由于特殊的国情，问题更为突出。一是老年人口多。2006年我国60岁以上人口已经达1.44亿，是世界上唯一60岁以上人口超过1亿的国家。二是老龄化进展快。我国人口年龄结构从成年型进入老年型仅用了18年，而最早进入老龄化社会的法国经历了115年，美国经历了66年，英国和德国经历了45年，时间最短的日本也经历了25年。三是未富先老。发达国家进入老龄化社会时，人均GDP在5000美元到1万美元之间；而我国进入老龄化社会时，人均GDP还不到1000美元。四是老龄化程度农村比城市高、地区差异大。这些特殊因素，使人口老龄化的不利影响更为突出：“人口红利”迅速减少，养老和医疗费用支出不断上升，社会经济负担明显加重，加快养老保障和服务体系建设成为繁重而紧迫的任务。

应对人口老龄化是一个关系经济社会发展全局的战略性问题，涉及养老保险、医疗保险、疾病预防、体育保健、宣传教育等诸多部门和领域，需要从全局上把握和统筹协调。应对人口老龄化又是一个长期的过程，必须未雨绸缪，超前谋划，并有足够的提前量，不能等到问题突出和严重时才采取应对措施。目前我们对不期而至的老龄化社会，从思想认识到体制政策等应对上，总的来说都还不够。因此，需要进一步引起重视，把应对人口老龄化作为国家重大战略，坚持从中国国情出发，全面系统地采取应对措施。以下是关于应对人口老龄化的政策建议。

1. 加快完善城镇养老保障体系

目前我国城镇养老保险制度虽已基本建立，但还存在不少问题。一是来自养老保险制度转轨中出现的巨额“隐形债务”问题，以及个人账户“空账”运行问题。应通过增加财政投入、减持国有股份、变现某些国有资产（或国有企业收益分红）、开征特种税（或发行特种国债）等办法，加大补充养老保障资金的力度。二是基本养老保险的覆盖面偏窄，城镇基本养老保险的覆盖面不到50%，非职工的居民基本养老保障尚未建立，非国有经济就业人员参保进展缓慢。应从我国的实际出发，实行“两手”抓，在低水平、广覆盖上下功夫。“一手”抓城镇居民的基本养老保险，充分发挥地方政府的作用；“一手”抓城镇职工特别是非国有企业职工的基本养老保险，充分发挥各类企业的作用。应强化地方政府和企业的责任，让他们切实担负起应尽的责任，而不能最后都依赖中央政府。三是养老保险体系不健全，企业年金（或企业补充养老保险）、个人商业养老保险发展不充分。应加强制度创新，在多层次上下功夫。同时实行多渠道、多种方式的资金筹集机制。此外，还可积极探索“以房养老”模式。

2. 建立健全农村养老保障制度

我国农村养老历来一靠家庭、二靠土地。但现在这两种养老方式的功能都在快速削弱。不少农村老人遭遇子女弃养、衣食大病无着落等养老困境。因此，建立健全农村基本养老、基本医疗保障制度更为迫切，应当给予更多关注，积极探索具有农村特色的养老模式。一是着力完善对现行以个人交纳为主的农村社会养老保险制度，政府应在农村基本养老保障中承担更多的责任，加大财政支持力度。可考虑按照低水平、广覆盖的要求，根据当地维持农民基本生活所必需的费用设计基本养老保险标准，也可以把支付基本养老保险金的年龄推迟到65岁。实行这种低门槛进入和政府给农民以实惠的制度，才能吸引更多农民参保。在此基础上，逐步提高统筹层次，将目前的县级统筹提高到市级或省级统筹，以增强农村基本养老保障的功能。二是引导农民进行养老保险储蓄，如建立政府和农民共同出资的“农村千元养老年金制度”，探索储蓄积累型养老保险模式。三是发挥土地养老的保障作用，探索“土地养老”新模式。现在我国农村很多老人，在子女进入城市之后，已无力耕作，抛荒的承包地很多。如果实施以退回承包地换取年金的办法，对解决部分农村老年人特别是“留守老人”的养老问题会有一定帮助。建议可先在一些农村试点，取得经验后推广。此外，对于被征地农民，应在征地的同时将其纳入城镇或农村的基本养老保险。

3. 解决好农民工的养老问题

农民工养老是我国的一个特殊问题。据统计，农民工参加养老保险的总体参保率仅为15%左右，其中有些还在退保。这主要是由于目前政策设计存在问题，保费过高（按当地职工人均工资的8%缴纳养老保险费）、缴纳期限过长（连续缴费15年以上）、不能有效对接和转移等障碍，让农民工无法真正从中受益。因此，应积极探索适合农民工特点的养老保险办法。一是农民工养老保险缴费多少应相对灵活，可根据其收入多少等具体情况决定缴费数额，可设计不同档次的缴费标准，如按当地职工人均工资的3%、5%、8%、11%等。二是农民工养老保险缴费连续性应相对灵活，允许其根据具体情况决定缴费接续，可设计分段计保，避免形成“断保”现象。三是农民工养老保险应可以异地转移，建立跨省区转移机制，便于农民工跨地区转移养老保险关系。四是探索农民工养老保险城乡相互衔接的机制。

4. 充分发挥家庭养老的主导作用

我国传统文化提倡以孝道作为维系家庭关系的道德行为准则，但在市场经济冲击下，出现了越来越多的子女有经济能力而不承担赡养老人的事例，孝道的传统道德观念淡薄。我们认为：应把孝道作为中华民族传统文化成果有分析地加以肯定，正面宣传报道儿女孝敬父母、赡养老人的事例；还应在中小学教育中，明确地提出敬老的要求，形成敬老、养老的社会氛围，并予以法律约束。同时，政府还可以从制度建设上鼓励家庭养老。比如，为城市居民购房、农村宅基地审批等方面提供税收优惠和适当的收入补贴等。“居家养老”可成为我国养老的一种模式。对于子女不在身边或子女无能力赡养的老人，可选择以“居家养老”为主，政府担负必要责任，充分发挥社区服务功能，提供养老保障。此外，还可以选择“移居养老”模式，就是将大城市中的老年人移居到市郊周边城镇适度集中养老，如建老年城等。

5. 大力加强老年人健康教育和疾病预防

减少老年人疾病，关键在于预防。我国近些年来各类慢性疾病发病率呈明显上升趋势，主要是由于吸烟、膳食结构不合理、肥胖、生活工作压力大和缺少体育锻炼等造成的。因此，加强健康教育和疾病预防，改变不健康的习惯，是当务之急。首先，应当加强对戒烟的宣传教育和立法。其次，应大力加强对全民的预防疾病和保持健康的宣传教育。建议中央电视台（包括有条件的地方电视台）开设老年人频道，大量传播预防疾病、合理饮食、身体锻炼以及书法绘画等养生之道和保健知识，逐步做到家喻户晓，深入人心，付诸行动。应当从预防和保健入手，大力提高全民健康素质，尤其是要加强薄弱环节，重点抓好工作和生活压力大的中年人的疾病预防和保健教育。各级财政应适当增加这方面的投入，也鼓励企业、社会增加投入。还应当发展健康咨询机构，开展老年人心理咨询，提高老年人的身心健康和生活质量等。此外，要鼓励和支持更多健康的老人走出家门参加有意义的志愿者工作。

6. 积极发挥中医药在应对人口老龄化中的作用

中医药作为我国的传统医学，在几千年的医疗历史中积累了丰富的临床经验，尤其对治疗老年人的常见病、多发病、慢性病有独特的优势，正在为越来越多的国家所认同。老年人由于身体抵抗力较差，疾病多发、病程长、顽固性强，服用中药在标本兼治的同时，可发挥激活免疫的作用，从而增强老年人的抗病能力，起到扶正固本和加快疾病痊愈的作用。更为重要的是，中医药资源广泛，药品价格和治疗费用比较低廉，能用小钱治大病，适合我国人口众多、人均收入低、中低收入群体比重大、医疗资源不能满足需求等基本国情。因此，应当从全局和战略的高度，把充分发挥中华传统医药的作用，作为应对人口老龄化的重大战略措施，进一步加大对中医药的支持力度，促进我国中医药事业加快发展。

7. 积极发展老年人服务产业

加快开发老年人消费市场，满足老年人不断增长的社会服务需求（包括基本生活需求、卫生保健需求、休闲娱乐需求和终身学习需求等）。一是大力发展社区的老龄服务，鼓励支持开办各种类型的养老服务机构，发展机构（个人）养老服务。二是大力发展医疗保健产业，包括保健、理疗、护理业等。应把老年医疗保健纳入社区卫生工作重点，社区卫生服务机构要加强老年保健、医疗护理和康复等服务工作，保健费用纳入医疗保险范围，给予一定比例的报销。三是大力发展其他老龄服务产业，如卫生保健产品和设备、家政服务业（目前在北京家政服务中，九成以上保姆不懂急救知识，懂急救的保姆异常抢手）、老年生活用品业、教育产业（老年大学、老年职业培训、老年职业介绍）、心理咨询服务业等。

8. 有区别、分步骤地提高退休年龄

随着现代人预期寿命的延长和年轻时受教育年限的延长，为缓解人口老龄化对劳动力供给的影响，在一定范围适当提高退休年龄，既有可能，也有必要。由于信息技术革命和产业结构的升级，老年人与年轻人的就业结构并不完全相同，因而适当延长退休年龄，从全社会看，对年轻人就业的影响并不大，是可行的。在人口老龄化的现实背景下，我国应研究逐步调整现行退休年龄，并作为应对人口老龄化的一项战略性措施。一应有区别地适当提高退休年龄，首先在高技能人才和稀缺人才中实行。为此需要在一定范围建立灵活的退休制度，允许身体健康、社会和企业需要的高技能人才适当推迟退休。这将有助于缓解目前我国高技能人才短缺的压力。二应分步骤提高退休年龄。例如，可考虑从2020年开始每年将退休年龄延长6个月，到2030年逐步调升至65岁，在我国人口老龄化高峰到来时，将65岁规定为我国的法定退休年龄。同时，将男女退休年龄调整一致。此外，要严格控制提前退休。三应研究对延长退休年限的老年人实行弹性期限的合同制度，允许和支持用人单位与高技能的老年劳动者建立灵活的劳动用工关系。

9. 研究有利于缓解老龄化问题的人口政策

当前我国实行以“控制人口数量、提高人口素质”为基本理念的人口政策，这对控制我国人口的迅速增长发挥了关键性作用，但同时也引发了人口老龄化进程加速、出生性别比失衡等问题。从人口发展规律来看，人口政策调整的影响通常具有一定的滞后性，因此我国需要提前研究对现行人口政策调整的“时间表”，以便在恰当的时间逐渐放宽生育控制政策，避免人为加剧中国人口生育率下降和未富先老的进程，以降低人口老龄化的负面影响，也有利于实现区域之间人口结构的平衡发展。

六 国企国资改革研究

1. 关于深化投资体制改革

投资是经济增长的驱动力和增效器，它从需求和供给两个方面对经济增长和结构优化产生重大作用。同时投资又是一把双刃剑，过度投资是造成产能过剩和经济波动的关键因素。国家发展改革委（之前是国家计委）一直是我国投资的主管部门，我作为委属宏观经济研究院（之前是国家计委经济研究中心）的负责人和研究人员，一直把投资和投资体制改革问题作为自己的重要研究领域。

1993年10月14日，中共中央政治局常委、国务院常务副总理朱镕基同志主持经济理论界专家座谈会，征求对《中共中央关于建立社会主义市场经济体制若干问题的决定（征求意见稿）》的意见，我在座谈会上就深化投资体制改革提出建议，主要观点如下：

当前投资体制存在的主要问题是政府与企业的投资领域分工不清，政企职责不分，企业法人还没有成为自主决策、自担风险的投资主体，政府投资缺乏风险责任和严格监督。因此，按照建立社会主义市场经济体制的要求，深化投资体制改革，关键是明确界定政府（中央政府、地方政府）和企业的投资范围，确立政府和企业的投资主体地位，并建立相应的投融资机制及管理制度。

这次文件征求意见稿提出，将投资建设项目划分为竞争性项目、基础性项目和社会公益性项目，规定了不同的投资渠道：竞争性项目投资由企业自主决策、自担风险，所需贷款由商业银行自主决定，自负盈亏。基础性项目建设鼓励和吸引各方投资参与。社会公益性项目建设，要广泛吸收社会各界资金，根据中央与地方事权划分，由政府通过财政统筹安排。这些规定无疑将推进投资体制改革。但是我以为，划分三类建设项目似乎仍未抓住现行投资体制的要害，对政府与企业投资领域的分工也还没有界定得很清楚，根据三类项目划分提出的原则，在执行中仍会存在实际操作和管理上的困难。因为三类项目互相交叉，实际上分不清，不能作为划分政府投资与企业投资的分界线。例如：竞争性相对应的是垄断性，而不是基础性；基础性项目并非都有垄断性。在经济发展的不同阶段，这两类项目可能有不同的交叉，而且交叉的情况是不断变化的。有些基础性项目如公路、电力、电信等，也可以引入竞争机制，成为竞争性项目。这说明，基础性项目包括的范围很广，还需要分不同情况（有些全部由政府投资承担；有些以政府投资为主、吸引社会资金参与；有些以社会资金为主、政府投资参与，或者完全由社会资金投资建设），采取不同的管理方式。作为改革的方向，今后政府投资应集中在“市场失灵”的领域，以及企业不愿进入或难以进入的领域，原则上不再投入竞争性项目。但是，从我国现实情况出发，政府投资还不可能全部退出竞争性项目，而只能逐步退出大部分竞争性项目。由于历史原因，在钢铁、石化、汽车等竞争性领域，国有资产存量的比重很大，今后也仍会有增量国有投资进入，而政府作为国有资产所有者的代表，对此还不能撒手不管。为此，我有以下三点建议。

（1）推进投资体制改革，最重要的问题是按照社会主义市场经济体制的要求，确立企业法人作为投资主体的地位，建立政府投资的风险责任和监督机制。因此，应按照投资主体划分为政府投资和企业投资，明确界定两者的分工，并分别建立各自的投融资机制。这比按项目的性质划分为三类投资，更能抓住主要矛盾，从而更有利于推进投资体制改革。

（2）当前政府投资的范围很广，同国家财力不足、“两个比重”下降形成尖锐的矛盾。为缓解这个矛盾：一方面应根据实际情况逐步调整、适当缩小政府投资的范围；另一方面可以借鉴国际经验，在基础设施建设领域，吸引更多的外资和国内社会资金进入。基础设施建设工程一般是搬不走的，即使由外国投资者管理收费，但毕竟在我国国内，仍然要受我国法律约束和政府管理。何况如果收费太高，脱离我国消费者的支付能力，它也赚不了钱。因此，思路可以更放开一些。

（3）深化投资体制改革同推进国有企业改革有十分密切的关系。这除了两者互相制约或相互促进的关系之外，我认为还有一点很重要：如果投资体制不改革或改革不到位，那么将会不断复制出国有企业改革的对象来。1984年党的十二届三中全会通过的经济体制改革决定，已经明确指出：国有企业改革是经济体制改革的中心环节。但近年来，通过国有投资又建立了数以万计的国有企业，而这些新建国有企业，又都是按照原有的体制模式复制出来的。于是形成了一种矛盾的局面：一方面不断在探索对国有企业进行改革，以克服其弊端；另一方面又不断按照原有的体制模式新建国有企业，使之加入改革对象的行列中来。这势必使国有企业的任务更趋繁重。因此，应当通过推进投资体制改革，使今后所有的新建国有企业，从开始就必须按照党的十二届三中全会通过的决定所要求的，即按照现代企业制度规范的要求来建立。这一点，也应当成为深化投资体制改革的目标之一。

上述观点在学术界和宏观决策部门都是较早提出的。后来深化投资体制改革的实践也证明，这些观点和建议对投资决策和投资体制改革产生了重要影响。

经过对我国历年固定资产投资规模与经济增长速度、物价上涨幅度相互关系的研究，我认识到固定资产投资是一把双刃剑：把握运用得当，可以有力推动经济增长；运用不当，则可能导致经济增长的大起大落。关键在于保持适度投资规模，既要充分利用潜在资源促进经济增长，又不能造成需求过分扩张、导致严重的通货膨胀。宏观调控的重要任务之一，就是通过财政、货币政策和其他政策手段，对全社会投资规模进行适时适度的调节，使之同国力相适应。面对1992—1994年固定资产投资高增长（分别达到42.6%、58.6%、27.8%）推动高通胀（CPI分别达到6.4%、14.7%、24.1%）的严峻形势，我在1995年4月发表的《努力保持固定资产投资的合理规模》一文中明确提出，保持固定资产投资的合理规模，是抑制通货膨胀、经济持续快速健康发展的重要条件，是宏观调控的一项重要任务。控制固定资产投资规模膨胀，最重要的是对资金的源头进行调控。同时，要加大投资结构调整的力度，加强对各类投资的使用方向进行引导、规范和监督，将投资更多地投向农业、基础工业、基础设施和支柱产业的重点建设，更多地投向技术改造。后来宏观调控的实践证明，这些政策建议是及时、正确的。

2. 增强国有大中型企业活力问题

党的十一届三中全会以后，国有企业改革一直是经济体制改革的重点，经历了从扩权让利、承包经营、搞活大小型企业，到党的十四大之后转换经营机制，建立现代企业制度和从战略上调整国有经济布局，增强整个国有经济控制力。1986年5月，我在对四川一批国有大中型企业调查研究的基础上提出，无论从个别企业的角度看，还是从整个经济的角度看，要进一步搞活大中型企业，需要同时解决两方面的问题：一个是继续从外部为企业创造条件，这是经济体制改革要解决的；另一个是企业要眼睛向内，抓好企业内部改革和经营管理，抓好更新改造和技术进步，这是企业改革要解决的。企业对外部条件和困难感受强烈，往往把搞活企业完全寄托于外部条件的改善，甚至存在用外部条件掩盖企业内部改革滞后、管理不善的倾向；政府部门则对企业内部问题看得比较清楚，而往往忽视为企业创造外部条件的必要性，甚至由于受旧体制和某些习惯做法的束缚，自觉或不自觉地给企业改革和发展造成障碍。因此，企业要眼睛向内，从推进企业内部改革和加强管理入手，政府部门要从解决企业外部条件入手，双管齐下，两个方面一起使劲，才能加快搞活国有大中型企业的步伐。这种内外因分析的方法和所提对策建议是有现实针对性的。1991年9月21日，国务院总理李鹏同志主持召开经济学家座谈会，就如何搞活国有大中型企业听取意见，我在出席座谈会的书面发言中提出了上述观点和建议，为国务院当时研究制定国有企业改革措施提供了咨询。

3. 从战略上调整国有经济布局

20世纪90年代后期，国有企业改革进入攻坚阶段，党的十五届四中全会通过了《中共中央关于国有企业改革和发展若干重大问题的决定》（以下简称《决定》），明确指出了国有企业改革和发展的方向。我参加了文件起草工作，及时发表了《从战略上调整国有经济布局》等解读《决定》精神的文章，主要观点有以下几个方面。

我国国有经济布局，即国有经济在国民经济各个行业、各个领域和各个地区的分布，是在计划经济体制下形成的，存在着诸多问题和弊端。主要是：分布过宽，国有经济几乎覆盖国民经济的所有行业和领域；数量过多，少数大型企业和众多中小型企业并存；力量分散，普遍存在资本金不足、负债率过高，活力和竞争力不强；形式单一，存量资产的流动性差，整体素质不高。

按照“有所为有所不为”“有退有进”的原则，从战略上调整国有经济布局，是一个积极的方针。从那些不重要的行业、领域和企业退出，正是为了加强国有经济在关系国民经济命脉的重要行业、关键领域和重点企业的力量，从而更好地有所作为，更好地前进。国有经济是公有制经济的核心、骨干，只要国有经济在关系国民经济命脉的重要行业和关键领域占支配地位，就能对经济发展起主导作用，公有制的主体地位也就有了主心骨和保证。

在我国社会主义市场经济条件下，国有经济在国民经济中的主导作用主要体现在控制力上。国有经济需要控制的行业和领域主要包括：涉及国家安全的行业，自然垄断的行业，提供公共产品和服务的行业，以及支柱产业和高新技术产业中的重要骨干企业。国有经济在这些行业和领域具有控制力，才能引导、带动和支撑社会经济发展，在实现国家宏观调控目标中发挥重要作用。

发展股份制，是推进国有经济战略性调整的重要途径。国有经济的作用既要通过国有独资企业来实现，更要大力发展股份制，探索通过国有控股和参股企业来实现。第一，股份制可以放大国有资本的功能。第二，股份制提供了一种灵活简便的财产组织形式，它把公司的财产从价值形态上划分为许许多多小额化的等份，从而便于产权在资本市场流动。

第三，实行股份制可以把单一的产权关系，变为多元化的产权关系。即使同是国有资本，其持股主体也可以多元化，即由多家国有企业共同控股；国有企业可以互相参股。这样就可以形成有效的制衡机制，有利于对国有资产的监管和保值、增值。第四，股份制有利于建立公司法人治理结构，在企业内部建立起所有者和经营者之间的委托代理和制衡关系。现在，我国90%的国有企业是国有独资企业，大多数现代企业制度试点企业建立的仍是国有独资企业。因此，强调发展股份制是十分必要的。国有大中型企业尤其是优势企业，适宜搞股份制的，应通过规范上市、中外合资和企业互相参股等形式，改为股份制企业，发展混合所有制经济，重要的企业由国家控股，一般的企业，国有资本可以参股或退出。

4. 关于建立现代企业制度

2000年1月我与常修泽教授合著的在《求是》杂志发表的《建立现代企业制度：公有制与市场经济结合的有效途径》一文，论述了以下观点：

我国经济体制改革的一个基本问题是，既要坚持以公有制为主体，又要使公有制企业尤其是国有企业真正成为法人实体和市场主体。这就需要从企业制度层面来探索公有制与市场经济相结合的有效形式。

现代企业制度是指在市场经济条件下，以规范的企业法人产权制度为主体，以企业承担有限责任为特征的新型企业制度。实践表明，这种现代企业制度能够适应社会化大生产和市场经济发展的要求。随着经济全球化的发展，面对越来越激烈的国内和国际竞争压力，加快推进国有企业改革，既要从战略上调整国有经济布局，又要在微观基础层面上改革原有的企业制度，建立起能够实现公有制与市场经济有效结合的现代企业制度。

第一，现代企业制度能够实现投资者所有权与企业法人财产权的分离，使国有企业同其他类型的企业一样成为市场主体。

第二，现代企业制度能够通过股份制来放大国有资本的功能，成为公有制在市场经济条件下的一种有效实现形式。现代企业制度一般采取公司制的形式，而股份有限公司则是公司制的主要形式。股份制作为同社会化大生产相适应的企业组织和资本运营方式，具有很大的包容性。在社会主义市场经济条件下，国有制的实现形式，除了极少数企业采取国有独资的形式外，大多数企业要通过股份制包括国有控股和参股的形式来实现。通过建立股份公司形式的现代企业制度，少量的国有资本可以控制、带动比它自身价值量大得多的总资本，从而增强国有经济的控制力、影响力、带动力。

第三，现代企业制度提供了一种灵活的、具有流动性特征的财产组织形式，从而有利于在市场经济条件下建立国有资产的流动机制。便于产权在资本市场上流动，可以转让股权，也可以转让经营权，从而有利于国有资本的优化配置，使国有企业的产权结构能够适应市场经济的要求。

第四，建立现代企业制度及其相应的企业法人治理结构，有利于形成与市场经济相适应的企业经营机制，包括企业决策机制（这是企业成为市场主体的基本要求）、激励机制（这是企业的动力来源）、约束机制（这是企业生存及发展的保证）、发展机制（这是企业充满活力的必要条件）。有了这四种机制，企业就可以成为自主经营、自负盈亏、自我约束、自我发展的市场主体和法人实体，实现公有制与市场经济的有效结合。

要全面理解和把握现代企业制度“产权清晰、权责明确、政企分开、管理科学”的要求，突出抓好四个重要环节：继续推进政企分开；积极探索国有资产运营管理的有效形式；对国有企业进行规范的公司制改革；面向市场着力转换企业经营机制。

上述观点和政策，在学术界和决策层都产生了一定的影响。

5. 建立健全现代产权制度问题

2003年9月我与范恒山同志合作撰写《建立健全现代产权制度》一文，论述了以下观点。

（1）产权和现代产权制度。

产权具有以下基本特征：一是独立性，产权主体拥有自主运用产权的权利；二是排他性，产权受到法律保护不可侵犯；三是流动性，产权主体可以通过产权流动、重组，谋取产权收益最大化；四是可分性，产权所包含的一组权利可分割组合使用。近代股份制产生之后，就形成了财产所有权与财产实际占有、使用权相分离的状况，并衍生出“法人财产权”，即非财产所有者由于实际上经营属于财产所有者的财产而对其享有的占有、使用及在一定限度内依法享有的收益和处置的权利。因此，在现代产权的基本内涵中，不仅包括法律上的财产所有权，实际上还包括企业“法人财产权”。

产权制度是关于产权界定、运营、保护等的一系列体制安排和法律规定的总称。而现代产权制度则是与社会化大生产和现代市场经济相适应的产权制度。其主要特征：一是归属清晰，各类财产所有权的具体所有者为法律法规所清晰界定；二是权责明确，产权具体实现过程中各相关主体权利到位，责任落实；三是保护严格，保护产权的法律制度完备，各种经济类型、各种形式的产权一律受到法律的严格保护；四是流转顺畅，各类产权可以通过产权交易市场自由流动，以实现产权的最大收益。

产权和所有制有密切关系又不完全相同。所有制是指生产资料等归个人、阶级、集团或社会所有的制度。在所有制中，最重要的是财产关系或财产关系的法律形式——财产所有权。因此可以说，产权是所有制的核心和主要内容。产权制度和所有制的区别在于：同一所有制可以有不同的产权制度。不同的所有制，也可以采用同样的产权制度。例如，股份制作为一种产权形式，资本主义可以用，社会主义也可以用。因此，产权制度涉及的是所有制的实现形式。在坚持和完善社会主义初级阶段基本经济制度的前提下，推进公有制的产权制度改革，不会改变公有制的性质和主体地位。

（2）建立健全现代产权制度的重要意义。

第一，有利于推行公有制的多种有效实现形式。建立涵盖各类产权在内的归属清晰、权责明确、保护严格、流转顺畅的产权制度，才能促进各类资本的流动重组、交叉持股，推动股份制和混合所有制经济发展，才能在使股份制成为公有制主要实现形式的同时，维护公有财产权，巩固公有制经济的主体地位。

第二，有利于改善国有企业资本结构和组织形式、建立规范的现代企业制度。产权清晰是建立规范的现代企业制度的首要条件，而产权的自由顺畅流动，不仅有利于企业依据自身实际和市场需要灵活开展资本运营，提高企业效益，而且有利于推进各种性质的资本间的收购、兼并、相互参股，实现投资主体多元化，形成良好的企业财产组织形式和规范的法人治理结构，因此，建立健全现代产权制度，是建立现代企业制度的基础。

第三，有利于增强企业、经营者和劳动者创业、创新和创造性劳动的积极性，促进社会生产力更大发展。随着信息等新科技革命的发展，技术、管理、创新对经济社会发展发挥着越来越重要的作用，保护知识产权的意义更加突出。

第四，有利于提高资本的运行效率，实现社会资本的优化配置，大大提高产权交易的市场化进程，从而有效提高企业效益和大幅增加社会财富。

第五，有利于规范生产经营行为，形成良好的信用基础和市场秩序。产权是社会信用和市场秩序的基础。树立诚信为本、操守为重的观念意识，形成完善的现代社会信用体系，建立良好的市场秩序尤其是形成各市场主体在市场运作中的自律机制，都必须加快建立健全现代产权制度。

（3）建立健全现代产权制度要推进一系列改革。

第一，要根据“谁投资、谁所有”的原则，依法依规、合情合理地认真清产核资，厘清产权属性。

第二，要结合国有资产管理体制改革和现代企业制度建设，保障国有资本出资人权益，落实企业作为市场主体和法人实体应享有的各项权利。

第三，规范发展产权交易市场，健全产权交易规则和监管制度，推动产权有序流转。

第四，长期稳定并不断完善以家庭承包经营为基础、统分结合的双层经营体制，依法保障农民对土地承包经营的各项权利。

第五，建立健全产权保护法律法规，确保各类产权不受侵犯，维护产权主体的合法权益和平等发展的权利。依法严厉打击各种侵犯正当产权权益的犯罪活动。

七 收入分配改革研究

1. 收入分配改革的理论探讨

1997年党的十五大报告提出“把按劳分配和按要素分配结合起来”的原则以后，社会上出现了否认劳动价值论的议论，如有文章认为：“资本是生产要素的组成部分，并在实践中已经参与了分配。因此，资本同活劳动一起是参与剩余价值的创造者。这是对劳动价值理论的深刻认识和突破。”2001年11月9日，我在回应这种观点时指出：“这是对十五大有关论述的一种误解。资本作为生产要素在实践中参与分配，并不能得出‘资本同活劳动一起是参与剩余价值的创造者’的结论。按照马克思主义理论，剩余价值只是活劳动创造的，资本作为物化劳动，虽然参与价值形成和价值增值过程（没有资本的参与，仅有活劳动当然无法实现这个过程），但是资本在这个过程中只是转移其价值（即固定资本折旧和消耗掉的原材料价值），而没有创造新的价值，即没有创造出剩余价值。这就是马克思的剩余价值理论。它历来被认为是马克思经济理论的基石，并和唯物史观一起，被恩格斯称为马克思的两大发现。马克思认为，劳动具有二重性，即具体劳动和抽象劳动，相对应的是商品的二重性，即使用价值和价值。具体劳动创造使用价值，抽象劳动创造价值。因此从物质资料（社会财富的物质形态）生产的角度看，劳动资料、劳动对象和劳动力是缺一不可的。马克思赞成古典经济学家威廉·配第所说的：土地是财富之母，劳动是财富之父。也就是说，如果讲资本（劳动资料、劳动对象的价值形态）参与了使用价值的生产过程，因而同活劳动一起参与了物质财富的创造，在理论上就与劳动价值论和剩余价值理论不矛盾。不少人正是不了解劳动的二重性和商品的二重性，而把资本参与使用价值创造，误解为也是参与价值和剩余价值创造。应当明确，政策上允许、鼓励生产要素参与分配，重视资本及资本拥有者、经营者的作用，有利于更快更好地发展社会生产力，但是完全没有必要也不应该因此而去修改马克思剩余价值理论。如果那样做，在理论上容易引起混乱，在实践上则会帮倒忙。”

2002年，党的十六大报告提出“确立劳动、资本、技术和管理等生产要素按贡献参与分配的原则”之后，理论界有同志提出：“将劳动、资本、技术和管理都确认为生产要素，这不难理解，但是提出资本也按贡献参与分配，这容易同资本也创造新价值相混淆，从而违背马克思的劳动价值论。”2002年11月23日，我在回复这种观点时指出：“改革开放以来我国经济之所以能够以震惊世界的速度向前发展，正是因为我们确立的基本经济制度和方针政策实际上是符合劳动、资本、技术和管理等按贡献参与分配的原则。至于说到资本，国有资本、集体资本对经济发展的贡献必须充分肯定，而境外资本、民间资本对扩大就业、增加税收、推动经济发展等方面的贡献也不容置疑。可见从现实出发，这是很容易理解的问题。从理论上看，这个原则同马克思劳动价值论也没有矛盾。因为这个原则讲的按贡献，可以理解为是对发展社会生产力、对创造社会物质财富的贡献，而不涉及资本是否也是新价值的源泉问题。马克思在《哥达纲领批判》一书中，曾经批评了‘劳动是一切财富和一切文化的源泉’的说法，明确指出，‘劳动不是一切财富的源泉。自然界同劳动一样也是使用价值的源泉，而物质财富就是由使用价值构成的’。马克思还指出，劳动是一切财富的源泉，这句话‘在劳动具备相应的对象和资料的前提下才是正确的’（《马克思恩格斯选集》第3卷，人民出版社1995年版，第298页）。可见，马克思主义从来没有否认土地、资本等生产要素对创造使用价值、物质财富的贡献。”

还要看到，马克思曾明确指出了使劳动时间成为财富的唯一尺度和源泉本身所包含的矛盾：“随着大工业的发展，现实财富的创造较少地取决于劳动时间和已耗费的劳动量，较多地取决于在劳动时间内所运用的动因的力量，而这种动因自身——它们的巨大效率——又和生产它们所花费的直接劳动时间不成比例，相反地却取决于一般的科学水平和技术进步，或者说取决于科学在生产上的应用。”（《马克思恩格斯全集》第46卷（下册），人民出版社1980年版，第217页）100多年来，特别是近几十年来科学技术的迅猛发展及其对社会生产力发展和物质财富创造的巨大推动作用，充分证明了马克思上述论断的正确性，以及它对我们在新的历史条件下深化对劳动价值理论认识的重大意义。社会主义的根本任务是发展社会生产力，是创造日益丰富的社会财富以满足全体社会成员不断提高物质文化生活和健康水平，以及良好的生态、安全环境等需要。不仅肯定劳动，而且肯定技术、管理、资本、土地等生产要素对创造社会财富的贡献，确立劳动、资本、技术和管理等生产要素参与分配的原则，有利于充分发挥一切生产要素对发展社会生产力的作用，有利于让一切创造社会财富的源泉充分涌流，以造福于社会，造福于人民。因此，确立这一原则在理论上是正确的，在实践上将对社会生产力的发展产生重大推动作用。

（以上引自《有关劳动价值论的两则通信》，载《林兆木自选集》，人民出版社出版）

2. 重视解决收入分配差距扩大问题

2006年2月27日，我在参加胡锦涛总书记主持的座谈会时，就《重视解决收入分配领域的问题》作了专题发言，主要观点如下。

深化收入分配领域改革，应作为和谐社会建设的一个重点。当前收入分配领域存在的问题比较多，收入差距持续扩大、分配秩序混乱、再分配调节不力等，是社会各方面意见比较多的热点。应客观地分析分配领域存在的问题，研究提出逐步解决收入差距过大等矛盾的思路和措施。国际上一般用基尼系数反映收入分配差距的程度。据专家分析，我国城乡居民基尼系数近几年在0.43左右，而据世界银行发展报告的测算，中国基尼系数1980年为0.33，1998年扩大到0.4，目前已扩大到0.458。

现在讲收入分配差距，往往只讲当年收入的差距，即增量部分的差距，而没有分析存量即已有财产占有的差距；也没有分析政府提供的公共物品和公共服务在城乡、地区和不同人群中分配方面存在的差距。讲城乡差距、地区差距、社会成员之间的差距，应当是讲实际收入和生活水平的差距；而实际收入和生活水平的差距，不仅取决于当年收入，在很大程度上也取决于后两个方面。进一步看，财产占有的差距和享有公共物品、公共服务的差距，不仅对当事人这一代的实际生活水平有很大影响，而且对下一代人的教育、医疗、就业的机会等也有很大影响。财富占有状况还有积累效应和乘数效应。财富越多，通过投资可以获得越来越多的收入。从历史看，决定阶级、阶层的，主要是财富的占有状况。防止两极分化，也不仅指当年收入的分配，而且包括存量财富在内的分配。因此，研究和解决分配问题，应当包括当年收入分配、财产分配和公共物品、公共服务的分配。

根据现有的统计，当年收入的分配状况比较清楚。存量财产的分配状况虽然有些个案和抽样调查资料，但全国总体情况并不清楚。20世纪90年代以来，特别是近10年来，我国经济高速发展，经济规模迅速扩大，国民财富成倍增长。在这样的大背景下，居民家庭财产也快速增加，其中一部分人更加富裕，应当说总体上是正常的，是越来越多的人走上共同富裕道路的表现，是一定经济发展阶段的产物。

但也必须看到，有一些人是通过不正常渠道暴富的。例如：少数人靠钻体制、法制和监管的漏洞，对属于国家和集体的矿产等自然资源掠夺式开采而暴富；靠承包国家建设项目偷工减料而暴富；靠利用国企改制之机，侵吞国有资产而暴富；靠低价或无偿占用农民土地经营房地产而暴富；靠自然垄断、经济垄断和权力相结合获取垄断利润而暴富；靠克扣工资、不缴职工保险、不治理污染以及偷税漏税获取高额利润而暴富；靠经营黑色经济、地下经济而暴富；还有极少数公职人员靠受贿而暴富；等等。

1993年9月，邓小平同志在一次谈话中指出，少数人获得那么多财富，大多数人没有，这样发展下去总有一天会出问题。分配不公，会导致两极分化，到一定时候问题就会出来。这个问题要解决。过去我们讲先发展起来，现在看，发展起来后的问题不比发展时少。邓小平同志既强调要及时提出和解决分配问题，也充分估计到解决这个问题的难度。

当前诸多社会现象表明，近10年来我国少数人暴富的程度和速度，是超常规的，远远超出了邓小平同志在20世纪90年代初的预料。应当说，对于这种状况，决策当局在事前和事中从思想上和政策上都缺乏准备。现在面对已经形成的局面，虽然要承认现实，但更要在摸清情况的基础上，研究今后如何从体制改革、制度安排、健全法制和加强监管等方面堵住漏洞，避免这种状况的继续发展，尤其要避免其加速度的发展，否则，就有可能激化社会矛盾，甚至引发社会对抗。现在按照邓小平同志讲的“要利用各种手段、各种办法、各种方案来解决这些问题”，虽然已经晚了一点，但是如果继续拖下去，等到积重难返，解决起来的难度和代价都会更大。

对于暴富者和巨富者，由于是在发展中、在经济结构和经济体制转型中产生的，情况又非常复杂，现在不应当也不可能“秋后算账”。除了查出触犯法律的，要依法惩办外，对于合法财产应当依法加以保护。即使对那些钻了体制、政策、法律的漏洞，但没有犯法仍属于合法经营而获得巨额财富者，也应当依法保护。

发达市场经济国家在依法保护富人财产的同时，也有一套调节贫富差距的办法。富人财产的数额和来源，必须向税务部门申报，税务部门随时可以通过当事人银行资金往来账户进行核查。现在我国税务部门和银行系统在技术上也已经可以做到这一点。应当下决心尽快建立个人收入和财产的监控系统，这不仅是强化税收调节收入差距的必要前提，也是从源头上防止公职人员受贿等腐败现象的基础性工作。同时，应当加大税收和福利政策对贫富差距的调节力度。还应当尽快开征遗产税和赠与税。

减缓收入分配差距扩大的趋势：一是要“调高”，即通过税收、慈善捐献等手段和方式调节高收入。二是要“补低”，即通过扩大就业、提高最低工资标准、社会保障、增加政府公共服务等途径增加低收入者收入。三是要“扩中”，即扩大中等收入者的比重，提高其收入水平。发达国家和一些发展中国家的经验教训表明，中等收入者比重的大小，是一个国家发展水平高低的标志，对社会稳定有重要影响。我们应当从各个方面综合采取措施，尽快扩大中等收入群体，提高它的比重。

政府提供的公共服务的规模及其分配状况，对收入分配差距有重大影响。我国公共财政制度尚未完全建立，教育、公共卫生和社会保障等方面的财政支出比重偏低。为减缓收入差距扩大，应加快建立公共财政制度，提高财政的公共支出水平，进一步发挥财政转移支出在缓解贫富差距方面的作用。还应充分发挥第三次分配——社会慈善事业的作用。社会保障包括社会救济、社会保险、社会福利、优抚安置、社会互助。慈善事业就是动员社会力量进行社会救济和社会互助的公益活动。再分配是对初次分配的补充，即政府弥补市场的不足；而第三次分配则是对再分配的补充，即以社会慈善事业弥补政府的不足。

2011年6月15日，我在《对深化改革的几点认识》一文中提出，收入分配秩序混乱，收入差距持续扩大，已成为社会矛盾的一个焦点。这反映在我国基尼系数不断上升，2002年以后已超过0.4的国际警戒线。2011年全国的基尼系数为0.48。据联合国开发计划署的统计资料：中国占总人口20%的最贫困人口占收入或消费份额只有4.7%；而占总人口20%的最富裕的人口，占收入或消费份额的50%。针对这种状况，政府在规范初次分配秩序和加强对再分配调节这两个方面，都应当而且可以有更多、更大的作为。

马克思认为，生产条件的分配决定生产成果的分配。现在生产条件分配不仅存在垄断，而且存在因制度、法治不健全而导致的种种不合理分配。一些人不是靠劳动、资本、技术、管理等生产要素按贡献参与分配而获得更多的收入和财富，而是靠不正当途径和手段获得矿产、土地、信贷等资源的实际占有和使用权而暴富。有些人则是靠形形色色的权力与金钱的交易而暴富。现在各行各业的“潜规则”盛行，使法律、法规、政策的执行大打折扣，各种灰色收入、黑色收入越来越多，在国民收入中占比越来越大。应当充分估计分配问题的严重性，下大决心在摸清情况的基础上，进行系统的制度设计和重大改革，仅靠修修补补的改革解决不了问题。

2014年12月30日，我在《中美两国发展水平与潜力比较》一文中再次提出要重视收入不平等扩大问题：据托马斯·皮凯蒂的研究，“中国前1%人群的收入占国民收入的比重在最近几十年迅速增长”，由20世纪“80年代中期的起步值相当低，仅占国民收入的不到5%”，提高到“在2000—2010年为10%~11%”（《21世纪资本论》，托马斯·皮凯蒂著，中信出版集团股份有限公司2014年版）。虽然这与同期美国前1%人群收入占美国国民收入约20%相比，还有较大差距，但我国收入不平等扩大速度相当快，仍应高度重视。从经济发展史看，一个国家从低收入进入中等收入再到高收入的过程中，收入分配差距一般会经历先扩大而后缩小的过程。因此，虽然过去30多年我国收入分配差距的扩大具有一定的必然性和合理性，但是，现在已经到了必须采取措施控制差距扩大的程度，进而逐步缩小的阶段了。否则，不仅不利于逐步实现共同富裕，而且会削弱经济发展的动力，损害社会稳定的根基。

八 政府和市场关系研究

1. 市场机制作用与政府宏观调控

1992年党的十四大确立社会主义市场经济体制的改革目标之后，我与慕海平、黄志凌同志合著《市场经济体制宏观调控的国际比较》（中国经济出版社1994年版），对市场经济体制下宏观调控做了全面研究。1993年8月，我在《市场经济体制与政府宏观调控》一文中论述了以下观点：

现代市场经济是市场经济由低级阶段向高级阶段发展的历史与逻辑的产物。在市场经济中，资源配置和经济调节的基本方式和主要手段是市场。市场是联结主要经济关系和各种交易行为的纽带。市场经济表现为各经济主体通过自由交换而形成价格，同时又按照价格信号进行自主决策，从而完成资源配置。

现代市场经济中的市场，经过充分的发展，已经形成一个结构复杂、功能完备的体系。在市场体系中不仅有商品市场，而且包括资本、劳动力、技术等在内的生产要素市场；不仅有现货和有形商品的交易，而且也有期货和无形商品的交易。市场的空间结构也在一国范围内由区域市场逐步形成统一大市场，并进一步延伸到国外，构成世界市场体系。正是这样一个复杂的市场结构体系以及由此而形成的竞争机制、价格机制、激励机制和风险机制等功能，刺激并约束着每一个参与市场交易活动的人的行为，引导他们在追求利益最大化的过程中实现资源的合理配置。

市场体系的作用是通过市场运行发挥出来的，而承担市场运行的主体主要是企业（当然也包括消费者）。企业的市场运行主体地位是由现代企业制度的一整套法律规范加以保证的，其本质在于使企业脱离自然人而成为具有独立人格、独立财产、独立组织的经济主体和民事主体。各种形式的企业依照法定条件和程序设立，并以营利为目的，自主经营，自负盈亏，实行责权利的高度统一。企业在进入市场之后便成为独立的市场运行主体，各市场运行主体之间的交易活动引起商品、服务和生产要素等市场客体的流动，从而推动着整个市场体系的运行。

市场与企业的统一构成了市场经济主体与客体之间的自发的运行条件，在这个系统中，市场机制发挥着自发组织的作用，因而可以使经济运行具有一定的秩序。但是，这同人类对社会经济发展之有序性的要求相比，还远远不够，由自发组织形成经济秩序是通过市场运行的涨落来实现的，往往要付出昂贵的代价，特别是市场经济内在的短期性、外部性以及自发的垄断倾向，都有可能反过来阻碍市场机制正常发挥作用，并可能超过经济范畴，进而损害社会秩序和人类的价值目标。这就需要有一种力量来代替市场所不能代表的利益，引导市场体系的运行去实现自身不能实现的目标。在市场经济的发展过程中，这一责任自然地、历史地交给了政府。现代市场经济都是由政府调节的市场经济，完全自由的市场经济是不存在的。政府在市场经济中发挥作用经历了由外部保障到内部调控的发展过程。政府调控之所以必要，是因为市场经济有其局限性，单纯的市场调节并不能实现资源的合理配置，这主要表现在：

（1）市场运行所达成的经济平衡是通过事后调节和分散决策实现的，因而具有自发性和盲目性，这就不可避免地会由于社会总供求失衡引起经济衰退和通货膨胀，带来经济的频繁波动以及资源的浪费。

（2）市场主体的行为受利润最大化的驱动，微观的经济成本同宏观的社会成本经常是不一致的，这会导致市场主体为获得自身的利益而牺牲社会利益。而且市场机制反映的是现有的供给结构和需求结构，不能有效地反映国民经济与社会发展的长远目标与结构。

（3）市场不能有效地解决某些社会公共产品与服务的供给问题。社会资源的配置不可能全部都通过市场机制进行，例如国防军工、公共设施、文化教育、环境保护、生态平衡等领域或部门，不仅具有非竞争性的特点，而且所需投资量巨大，回收期很长，这些产品及服务的营利性较低或根本不营利，私人资本无力或是不愿进入。在生产社会化和经济商品化高度发展条件下，这些领域和部门又是社会经济发展和市场有效运行不可缺少的组成部分和必要条件。同时，市场不能解决收入分配的公平化问题。从理论上讲，在市场经济中各种生产要素应按其提供的经济效益获得相应的报酬，公平和效率似乎是统一的。但是，由于社会成员之间对各种要素的作用和影响不同，如果完全由市场机制自发地进行分配，就会导致社会成员之间收入差距过大，从而可能引起社会的不稳定，最终影响经济发展的效率。

（4）自发的市场竞争会导致垄断，从而扭曲市场行为，妨碍市场机制的正常运行，降低市场配置资源的效率。

针对市场存在的缺陷，政府应通过各种干预手段，主动地介入经济活动，以补充市场力量之不足，保证市场的健康运行，克服市场失效所造成的消极影响。在现代市场经济中，政府干预与市场作用的衔接有三种途径，即经济途径、法律途径和行政途径，三种途径的相互配合和交叉呼应，对于政府干预市场具有普遍意义，但在处理不同时期的不同问题时，往往又表现出各有侧重。

通过经济途径干预市场运行，往往具有短期性和弹性，其主要特点是政府通过对经济政策的调整，改变市场运行的参数，以减少经济波动的频率和降低经济波动的幅度。通过法律途径干预市场运行主要是着眼于维护市场公平竞争的秩序，提供判别市场主体行为合理与否的规则，因此具有较强的刚性和约束力。通过行政途径干预市场运行，一般具有辅助性的特点，常用于特殊的行业（如公共部门）和特殊的问题（如处理经济生活中的急迫问题），因此不是普遍的、长期的。

政府通过综合运用上述三种手段调控市场经济，直接目标在于纠正市场失灵，主要包括以下几个方面：

制定适当的宏观经济政策和提供有关信息，对企业和个人的微观行为的决策予以指导和引导，矫正市场机制的缺陷。

根据市场一致的原则，承担公共产业和公共部门的资源分配，克服市场失灵。

调节收入分配，提供社会保障，创造稳定的社会条件，避免消极作用结果的偏差。

调整经济发展与社会发展、微观短期利益与宏观长期利益的关系，平衡企业成本与社会成本的偏差。

反对垄断和不公平竞争，维护市场功能。

在现代市场经济中，无论运用什么手段选择何种目标干预及调节经济运行，都应坚持以市场机制的作用为基础。市场是经济运行和资源配置的基础，为维护市场经济有效运行的政府干预，其中心内容是政府与市场的有机结合，就是政府干预机制（看得见的手）和市场机制（看不见的手）内在的合乎逻辑的统一。因此，政府调控的作用决不是要弱化市场作用，更不是取代市场的作用，而是为市场的有效运行创造良好的内部和外部秩序。

政府调控能否维护和促进市场机制的有序运行，取决于调控的范围、方式和力度，也就是政府调控机制与市场机制相结合的具体化。对这种操作的把握，直接影响到政府调控行为的效果。

实践证明，政府的过度干预，即超出了所需要的范围和力度，不仅不能弥补市场功能之不足，相反会形成对市场机制正常发挥作用的限制，引起经济关系的扭曲，降低资源配置的效率。同样，政府干预的范围和力度不够，或干预的方式与目标选择不合理，从而不足以弥补市场失效和维护市场机制正常运行的合理需要，也不能使市场的功能正常地发挥作用。在现代市场经济中，政府调控要注意合理性、适度性和有效性。为此，必须注意全面、准确地把握市场信息，克服政府部门的低效率，防止决策的随意性。

2. 市场决定性作用的内涵和实践意义

2013年11月，党的十八届三中全会《中共中央关于全面深化改革若干重大问题的决定》（以下简称《决定》）提出使市场在资源配置中起决定性作用和更好地发挥政府作用的重大论断之后，我及时在《决定》辅导读本和《人民日报》等媒体发表《使市场在资源配置中起决定性作用》等解读文章，对市场在资源配置中起决定性作用的内涵和实践意义，以及政府和市场的关系做了以下论述。

历史和现实表明，与其他经济体制相比，市场经济是资源配置最有效率的体制，也是发展生产力和实现现代化的最优途径。所有经济活动最根本的问题，就是如何最有效地配置资源。市场决定资源配置的优势在于：作为市场经济基本规律的价值规律，具有通过市场交换形成分工和协作的社会生产的机制，通过市场竞争激励先进、鞭策落后和优胜劣汰的机制，通过市场价格自动调节生产（供给）和需求的机制，从而可以引导资源配置符合价值规律以最小投入（费用）取得最大产出（效益）的要求。我国的实践证明，社会主义和市场经济能够成功结合。市场经济为社会主义注入蓬勃生机和发展活力，社会主义为市场经济开辟崭新境界和广阔前景。社会主义和市场经济都不是僵化不变的，而是能动的、不断向前发展的。社会主义市场经济体制的巨大优越性和强大生命力就在于：它不仅能够将社会主义和市场经济的优势结合在一起，而且留有很大空间，可以随着实践和认识的发展，通过深化改革不断优化这种结合。党中央提出使市场在资源配置中起决定性作用，就是从理论上和实践上对这种结合做出新的重大发展，对于激发全社会创业、创新、创造活力，加快转变经济发展方式，促进经济持续健康发展具有重大现实意义。

第一，有利于最大限度激发各类市场主体创业、创新活力。企业是市场经济的细胞，是创业、创新的主体，是整个经济焕发生机活力和蓬勃发展的基础。而平等的市场准入和产权保护、公平的竞争条件和营商环境，是市场主体焕发生机活力的根本保证。现在束缚市场主体创业、创新活力的体制障碍，主要是对民营企业的不公平待遇，阻碍民间投资的“玻璃门”“弹簧门”仍然存在；竞争性经济领域的投资审批，既不利于市场机制发挥优胜劣汰的功能，也造成对民营资本的“挤出”效应；一些领域存在明显或变相的行政性垄断，妨碍公平竞争，公用事业和社会事业领域存在准入壁垒，导致大量民间资本不得不拥挤在竞争性经济领域，加剧一些行业产能过剩。科技体制中政府与市场定位不清，妨碍企业成为技术创新主体。政府一方面对企业技术创新过度干预，拔苗助长，不利于激发企业内生动力；另一方面在为创新营造良好环境方面又作为不够，对知识产权保护不力，人才评价机制不够合理。解决体制机制中这些妨碍各类市场主体发挥创业、创新积极性问题，关键是要在经济领域依据市场规则、市场价格、市场竞争进行资源配置。使市场在资源配置中起决定性作用，归根到底是要进一步解放对生产力发展的所有束缚，最广泛、最充分地调动全社会所有人的积极性、主动性和创造性，让一切劳动、知识、技术、管理、资本的活力竞相迸发，让一切创造社会财富的源泉充分涌流，让发展成果更多更公平地惠及全体人民。

第二，有利于加快我国经济转型升级。我国经济结构不合理，粗放型经济发展方式转变迟缓，当前不少行业产能过剩、效益下降，究其原因，同政府对经济干预过多和干预不当、妨碍市场起决定性作用有很大关系。例如，政府定价或管制的价格仍然较多，电力、成品油、天然气等重要商品价格形成的行政性管制特征明显，利率尚未实现市场化，资本市场体系不完善，金融机构多元化程度偏低，城乡建设用地市场不统一，户籍制度限制城乡人口流动，等等，这些问题导致多种要素价格不能真实地反映资源稀缺程度和供求关系变化。与此同时，财税体制不够合理，党政干部政绩考核过于看重GDP增长率，助长地方追求速度型经济增长，以及上项目、铺摊子的投资冲动，加剧重复建设和产能过剩；政府以不当方式直接干预资源配置，如以低地价供地、税收减免、财政补贴等方式招商引资等，也扭曲要素价格、干扰市场机制作用，误导资源配置。根据使市场在资源配置中起决定性作用的要求深化相关改革，是加快转变经济发展方式，推动经济更有效率、更加公平、更可持续发展的关键举措。

第三，有利于建设高效廉洁的服务型政府。现在政府治理与市场功能的边界不够清晰，政府越位与缺位并存。应该使市场在资源配置中起决定性作用：凡是市场和企业能解决的，放给市场和企业；凡是社会中介组织能承担的职能，交给社会中介组织。这不仅有利于政府真正转变职能，把重点转到加强市场监管、增强公共服务和维护社会公平正义上来，而且有利于铲除滋生公职人员受贿、权钱交易等腐败现象的土壤和根源。大幅度减少政府对资源的直接配置，是抑制和消除腐败现象的治本之策。

第四，有利于构建开放型经济新体制。对外开放不仅使我国得以充分利用国际市场和国外资源有力推动国内发展，而且为国内改革提供了发展市场经济的经验、规则借鉴，成为促进改革的重要动力和活力源泉。国际金融危机以来，世界经济深度调整，各个领域包括贸易投资规则的竞争更趋激烈。主要发达国家正在推动新一轮贸易投资自由化谈判，涵盖环境保护、竞争中立、政府采购、电子商务、劳工标准等所谓“21世纪新议题”，具有领域广、标准高、影响大等特点。这要求我们加快改革投资管理模式和制度创新，建立统一、公平、透明的投资准入体制，使微观主体获得更大的自主投资权限，使政府部门从项目审批向反垄断和安全审查等宏观管理职能转变。从对外开放范围看，我国与世界主要经济体的差距，主要在服务业领域开放。服务业是我国经济的短板，也是今后我国经济发展的重要潜力所在。推进金融、教育、文化、医疗等服务业领域有序开放，放开相关领域投资准入限制，这有利于引入竞争，加快我国服务业发展。总之，使市场在资源配置中起决定性作用，才能适应新一轮国际贸易投资自由化形势的要求，构建开放型经济新体制，推动我国更高质量、更高水平的对外开放，在广度和深度上进一步融入经济全球化。

3. 全面认识市场作用和政府作用的关系

发展社会主义市场经济，既要发挥市场在资源配置中的决定性作用，也要发挥政府的经济职能和重要作用。使市场在资源配置中起决定性作用，并不是起全部作用。市场不是万能的，不是要把一切交给市场、所有领域都市场化，更不是认为政府对市场可以撒手不管。市场经济是法治经济，也是讲道德、讲诚信的经济，市场主体的经济行为，不仅受利己动机和竞争压力约束，而且受法律、法规、职业道德和社会公德约束。因此，政府“有形的手”有效配合市场“无形的手”发挥作用，才能保证市场经济健康发展。实践证明，党的正确和强有力领导，政府的有效宏观调控和积极有为，是我国社会主义市场经济体制的独特优势。我国有党的统一领导，可以制定体现市场经济规律和人民利益要求的经济社会发展规划，并动员、组织全国人民为之实现而奋斗；可以从中国实际出发，借鉴国际经验，以国家发展战略和规划为导向，正确运用财政政策和货币政策等宏观经济政策，调节总需求和总供给水平，防范财政、金融的系统性风险，防止经济周期性大幅波动，保持宏观经济稳定。同时，由于市场机制作用具有一定的自发性、盲目性，市场主体为获得自身利益最大化有可能与社会利益发生冲突，政府必须加强市场监管，维护市场秩序，解决市场外部性问题，保护生态环境和劳动者、消费者的安全、健康等权益。政府还必须采取反对垄断和不公平竞争的经济性规制，保障竞争公平和消费者利益。尤其重要的是，由于市场机制不能很好地解决公共产品供给和收入分配公平问题，政府必须加强和优化公共服务，推进基本公共服务均等化；维护和规范由市场形成的初次分配秩序，并通过税收、社会保障、转移支付等手段对收入再分配进行合理调节，防止收入分配差距过大，促进共同富裕，维护公平正义和社会稳定。

4. 宏观调控要把握好度

2018年2月14日我在《人民日报》海外版发表的《关于建设现代化经济体系的几个问题》一文中作了以下论述。

党的十九大报告指出："着力构建市场机制有效、微观主体有活力、宏观调控有度的经济体制。"建设现代化经济体系，不仅是生产力的现代化，而且是经济关系和经济体制的现代化。市场、企业、宏观是市场经济的三个基本层面和核心要素，根据市场经济发展规律、实践经验和我国现实状况提出的构建"三有"经济体制，既是现代化经济体系的重要组成部分，又是它的体制保障。

市场机制有效，是市场经济体制的基本特征。市场配置资源之所以具有效率高的优势，是因为有关资源和生产的决策是以价格为基础的，而价格是在市场竞争中形成的，从而能够引导资源配置符合市场需求并通过优胜劣汰提高配置效率。我国绝大多数的商品和服务的价格已经放开管制由市场形成，但要素价格改革还不到位，仍然存在行政性垄断、市场垄断等问题。使市场机制有效，要加快要素价格市场化改革，放宽服务业准入限制，深化商事制度改革，打破行政性垄断，防止市场垄断。加快形成企业自主经营公平竞争、消费者自主选择自主消费、商品和要素自由流动平等交换的现代市场体系。

微观主体有活力，是市场经济体制的内在要求。企业是市场经济的细胞，是创业、创新的主体，企业活力是整个经济焕发生机活力和蓬勃发展的基础。而平等的市场准入和产权保护、公平的竞争条件和营商环境，是市场微观主体焕发生机活力的基本保证。要按照使市场在资源配置中起决定性作用的要求，继续减少政府对资源的直接配置，深化政府“放管服”改革，全面实施市场准入负面清单制度，清理废除妨碍统一市场和公平竞争的各种规定和做法，支持民营企业发展。深化国有企业改革，发展混合所有制经济，推动国有资本做强做优做大。完善产权制度，实现产权有效激励，激发各类市场主体创新和发展活力。

宏观调控有度，是保持宏观经济稳定和经济持续健康发展的必要条件。“有度”就是既不“过”也没有“不及”，恰到好处。具体说来，在总需求调控上，当经济过热、出现明显通货膨胀时，宏观调控实施紧缩的财政货币政策，要把握好力度，既要把通胀率降到目标水平，又不能紧缩过头使通货膨胀变成通货紧缩，导致经济过冷。当经济下行、衰退时，宏观调控实施宽松的财政货币政策，要把握好刺激力度，既要使经济实际增长率回升到潜在增长率水平，又不能刺激过头，导致严重的通货膨胀，甚至引发金融危机。宏观调控运用产业政策、区域政策和其他政策时，同样要把握好度。西方市场经济国家的实践经验证明，本来以熨平经济周期为目的的宏观经济政策，如果“度”把握得不好，就会走向反面，变成扩大经济周期波动幅度的杠杆，甚至直接导致金融危机和经济衰退。例如，美国经济在2001年衰退以后，美联储为刺激经济增长，连续13次下调联邦基金利率，从2000年的6.5%下调至2004年的1%，导致美国金融机构、企业、政府和居民的债务率大幅提高，终于引发了次贷危机和国际金融危机。这说明宏观调控做到“有度”很不容易，也十分重要。

改革开放以来，我国在探索市场经济条件下宏观调控的实践中，积累了丰富经验和认识。历史经验包括：在通货膨胀预期很强的情况下不能采取“闯关”这样力度很大的方式放开价格。在经济增长主要依靠投资拉动情况下为抑制通货膨胀以行政手段压缩投资需求的力度不能过大，否则会引起经济增速大幅下降。放开价格必须管住货币，否则会引发严重的通货膨胀。在主要由于金融秩序混乱和财税体制弊端导致投资及消费需求失控情况下，治理通货膨胀必须以推进改革为主并辅之以必要的行政手段，才能标本兼治引导经济“软着陆”。当受到国际金融危机冲击和内需不足双碰头引起经济增速下滑和通货紧缩时，通过扩大财政赤字、增发国债用于基础设施投资以带动内需和经济增长的办法，是必要和有效的，但如果同时采取扩张性货币政策，力度一定不能过大，尤其要防止过多的货币导致制造业、房地产业投资膨胀和资产价格泡沫，留下严重后遗症。

正确判断国际、国内经济形势和我国经济的发展阶段和主要矛盾，是确定宏观调控方向、重点和力度的基本依据。党的十八大之后，面对世界经济与国际贸易持续低迷和国内经济处于增长速度换挡期、结构调整阵痛期、前期刺激政策消化期“三期”叠加的不利条件和复杂形势，党中央果断作出我国经济发展进入新常态的重大判断，并明确结构性矛盾是我国经济的主要矛盾，矛盾的主要方面在供给侧，从而提出以供给侧结构性改革为主线，适度扩大总需求的决策。这是宏观调控思路和重点的重大转变，改变了一遇经济增速下降便加大刺激力度的惯性思维和做法，通过推进“三去一降一补”和深化改革开放，加快培育发展新动能，促进传统产业转型升级，既使经济保持中高速增长，优化结构效益，又避免杠杆率攀升和金融风险积累。今后宏观调控要正确把握好“度”，必须以习近平新时代中国特色社会主义思想为指导，贯彻落实党的十九大精神，把握我国社会主要矛盾转化和经济转向高质量发展的要求，从不断发展变化的实际出发，以改革的精神创新宏观调控的思路、手段和方式方法，不断提高引领宏观经济发展的能力。

九 中国同发达国家经济实力及发展水平比较研究

1. 评对中国经济的高估

2010年2月，美国《外交政策》杂志刊登了芝加哥大学商学院教授罗伯特·福格尔撰写的《2040年的世界经济前景》，该文预测到2040年中国经济将达到123万亿美元，相当于2000年全球经济总量的3倍。届时中国经济将占全球

GDP总量的40%，而美国将只占14%，欧盟15国占5%，日本占2%。此论一出，立即引起全球媒体的高度关注和各种评论。针对这种过分夸张和高估中国经济的现象，我在2010年8月撰写了《评对中国经济的高估》一文，用大量的数据、事实和中外专家引文，详细分析了我国在经济、科技等方面与发达国家的巨大差距。文章指出，美国经济总量居世界第一已有100多年，它所积累的财富总量和经济实力（包括品牌价值和创新精神与成果等），并不是用当年GDP产出所能衡量的。当前盛行的仅根据中美两国GDP年增长率的差距，就预测中国经济总量很快将超越美国，甚至成为“世界第一强国”等言论，是一种不切实际，甚至是别有用心的误导。我在该文中还着重论述了用GDP作为评价国家发展状况主要指标的局限性，指出在中国由于基本国情、发展阶段、发展战略、发展方式和经济体制等多方面原因，GDP在发挥正面作用的同时，其缺陷和负面效应也比发达国家突出。例如：中国GDP核算以生产为主，而不是以收入为主，投入、规模、速度等因素对GDP影响大，因而被考虑得多；产品与建筑质量、生产与消费安全、资源与环境成本、经济效益、居民收入等因素对GDP影响小，因而被考虑得少；加上要素价格没有真正反映实际成本和供求关系，因而GDP数据和实际经济状况往往存在较大差距。又如，中国现阶段一方面GDP高速增长，另一方面国民收入和财富分配的差距持续扩大，GDP本身既不能反映，也解决不了两者的矛盾。因此，用GDP进行国际比较，实际上仅限于量的比较，而不包括质的比较。但经济社会发展恰恰不只是量的增长，更重要的是质的提高，是社会和人的发展。尤其是在国外媒体大肆渲染中国GDP超日赶美，且国内仍在偏重于追求GDP增长速度的情况下，更加需要强调，必须充分认识以GDP作为衡量国家发展状况主要指标的局限性，必须对中国经济发展现状有冷静的分析和清醒的认识，绝不能夸大和高估中国经济实力。此文写作期间，适逢我参与中央关于“十二五”规划建议的起草工作，及时将文稿报送起草组领导参阅，受到温家宝总理和李克强副总理的重视和好评。

2. 中美两国发展水平与潜力比较

2014年4月世界银行公布国际比较项目研究报告，提出按购买力平价计算2014年中国GDP将超过美国，成为世界最大经济体，引起全球轰动和热议。我经过几个月的研究，于2014年12月撰写了题为《中美两国发展水平与潜力比较研究》的长文，指出购买力平价法的缺陷，并从人均国民收入、财富存量、三次产业结构、劳动生产率、科技创新、教育、人才、能源技术、金融、综合国力等方面，用大量数据、事实进行分析比较，指出虽然美国经济实力在全球比重相对下降，但中国追赶美国还有漫长而艰辛的路要走。因此，现在就说中国将取代美国成为世界第一强国云云，显然与实际相差太远。此文发表后在学术界和决策层受到好评，产生较大的影响。

十 主要论著

马仲扬、林兆木:《马克思主义与调查研究》，红旗出版社，1988年。

王梦奎、林兆木、郭树清等：《新世纪我国经济的宏观调控》，人民出版社，1994年。

林兆木、慕海平、黄志凌：《市场经济体制宏观调控的国际比较》，中国经济出版社，1994年。

林兆木、邵宁：《跨世纪的发展思路研究》，中国计划出版社，1995年。

林兆木等：《经济周期与宏观调控》，中国计划出版社，2008年。

林兆木：《林兆木自选集》，人民出版社，2011年。

林兆木：《林兆木文集》，红旗出版社，2016年。

叁

治学心得和人生感悟

一 我的读书情缘

我童年时父母亲相继逝世，家境贫寒、生活艰难使我自幼能吃苦，勤奋好学。我爱读书是从听故事开始的。在我的家乡漳州市区九龙江北岸，早年间有两三个说书场，我读小学时放学路过常去听讲故事，每每听得入迷。后来识字多了，便到书摊借书看，到小学毕业时书摊上的小说我几乎看遍了，也逐渐养成了爱读书的习惯。

我小学毕业时迎来了新中国的诞生，从初中、中专到大学，我的生活和学习费用主要靠人民助学金供给，没有党和国家的培养，便没有我后来受到的教育和成长。读初二时，老师介绍我读苏联小说《钢铁是怎样炼成的》，我看得热血沸腾。书中主人公保尔·柯察金的一段话多年来一直激励着我："人最宝贵的是生命，它给予我们只有一次。人的一生应当这样度过：当他回首往事时不因虚度年华而悔恨，也又不因碌碌无为而羞愧。这样，在他临死的时候就能够说：我已把我整个生命和全部精力都献给最壮丽的事业——为人类的解放而斗争。"正是这本书的启蒙，使我走上了追求进步的道路。当时新中国阳光明媚，处处洋溢着团结奋进的气氛，激励着我奋发向上。我先后加入了中国新民主主义青年团和中国共产党。从此我读书和工作更加努力。

我读书路上的新起点，是1956年7月考入中国人民大学经济系学习。我十分珍惜来之不易的学习机会。当时授课的宋涛、卫兴华、吴树青等老师要求我们认真读马克思《资本论》等经典著作。我开始读时理解不深，难懂的章节、段落便反复读，向老师请教、与同学讨论，直到读懂理解，并认真写读书笔记，及时把心得体会写下来。大学几年的每个周末及寒暑假大部分时间，我都是在教室和阅览室度过的。毕业前我认真读完了《资本论》一、二、三卷和恩格斯《反杜林论》等著作，为后来工作打下了基础。

书到用时方恨少。1960年3月我大学毕业前被分配在《教学与研究》做助理编辑。当时编辑部领导要求包括新到岗的我在内，除了完成编辑工作任务外，每人每月要写一篇稿件。当时我对编辑工作和写文章完全是门外汉，便拜师当徒弟，在经验丰富的老同志的指点下写出初稿，然后一遍又一遍反复修改。大概过了半年才慢慢明白点写作理论文章的门道。对我来说，差距更大的是知识和经验。要对审读的文稿提出准确的修改意见，尤其是动手修改文章，需要有坚实的理论、文字功底。因此必须从头学起，大量阅读，强补各方面知识。我请教同在编辑部的许征帆老师应怎么读书，他建议我先认真读《毛泽东选集》四卷和鲁迅著作，再从《古文观止》和《古文词类纂》中挑选些范文熟读，补历史知识可读《资治通鉴》。在之后几年，我认真读了这些书，确实有很大收获。

1961年9月我被调回经济系工作。当时《光明日报》有个每周一版的《经济学》专刊交由人民大学经济系主办，主编由系主任宋涛老师兼任，编辑工作由政治经济学教研室副主任陆迅老师实际负责。系领导分配我协助陆迅老师做专刊的编辑工作。直到现在我仍然十分感激陆迅老师对我的信任和帮助，放手让我独立工作。有些稿件需要加工充实，甚至反复修改，陆迅老师便给我指点提示。为了熟悉经济学界的学者和研究现状，我经常到图书馆阅览室阅读各种报纸杂志的经济文章。这样日积月累，几年下来对我提高编辑和研究水平很有帮助。

1962年春天，我有幸参加黄松龄副校长领导的社会主义经济问题研究小组。黄校长提出，应认真研读列宁在十月革命后的全部著作，再紧密结合我国实际，从中研究建设社会主义规律。我按照黄校长的要求，用一年多时间把列宁在十月革命后的著作通读了一遍，并写了读书笔记。这对我后来研究问题也有帮助。

“文化大革命”期间我认真读的书不多。直到1977年我下决心用5年时间把当时已出版的《马克思恩格斯全集》50卷通读一遍。我先从27卷至39卷的书信卷开始读，接着重读23卷至26卷，即《资本论》一、二、三卷和《剩余价值学说史》上中下三册，到1979年冬天读完。然后我用一年半时间读完了40卷至50卷，其中包括马克思在不同时期写的经济学手稿。这样前后联系起来学习，对于了解马克思主义政治经济学的发展历程和精神实质大有帮助。从1981年下半年开始，我又用两年时间把1卷至22卷读了一遍。

6年时间通读《马克思恩格斯全集》50卷，使我系统地学习了马克思主义理论，受到了深刻教育。马克思为了科学事业和无产阶级解放事业，毕生以惊人毅力，历经艰辛，呕心沥血，百折不挠，创立了马克思主义科学理论。马克思研究任何问题，总是要掌握前人以及同时代人已经搜集到的全部材料和得到的成果，在此基础上进行批判性、系统性研究，并不断跟踪经济、社会和科学技术的发展，不断用新的实践检验已有的结论，不断研究新情况新问题。马克思从来不把已有研究的结论当作僵死不变的教条，总是反对把他在一定条件下的论述，变为一把万灵的钥匙。在他的著作中，我们看不到从定义、原理、规律出发，只靠演绎推理去得出结论，而总是从具体的历史环境和条件出发，对问题作出具体的分析，从而得出结论。马克思主义之所以是科学，就是因为它是严格遵循科学规律进行科学研究的成果。更让我终生受益的是，在马克思、恩格斯著作中到处蕴含的唯物辩证法，这不仅成为我研究分析问题的基本方法，而且成为指导我走人生道路的基本准则。

20世纪80年代，我在《红旗》杂志社先后担任编辑、评论组组长和经济部负责人。在工作中我深切感受到，要出色地做好工作，最紧迫的是思想要跟上改革开放的新形势，为此我特别认真地跟踪学习中央文件和邓小平讲话、文章。撰写或编辑文章，我都从读书和调研开始，每年用一两个月时间到农村和企业调研，并带着实际问题和工作任务反复研读中央文件及相关资料，力求吃透两头，使撰写、编辑的文章能正确体现中央关于改革开放和发展的决策精神。

1988年我调到国家计委经研中心以后，为适应转到宏观经济部门做研究和参与文件起草工作的新任务，急需深入掌握宏观经济理论、政策和现实经济情况，要求我必须日夜兼程地认真读书学习。同时，在工作中虚心向有丰富经验的领导和同事学习。我还利用到国外调研、交流的机会，深入了解发达国家的发展历程和经验教训，并结合实际重读西方经济学的代表性著作。读书学习使我能够不断充实提高自己，较好地完成工作任务。

2008年8月至2013年8月，我有幸得到了一次读书学习的大好机会，那就是参与《朱镕基答记者问》《朱镕基讲话实录》（一至四卷)、《朱镕基上海讲话实录》等书的编辑工作。这几本著作翔实记录了朱镕基同志担任国务院副总理和总理期间，直接主持财税、金融、价格与流通、国企、政府机构、社会保障、住房、投融资等一系列重大体制改革的工作历程，记录了20世纪90年代我国有效治理严重通胀、实现经济“软着陆”，成功应对亚洲金融危机冲击、扭转通缩趋势，以及西部大开发、加入世贸组织的历程。在编辑工作中，我反复阅读朱镕基同志的讲话、文章、书信、批语，受到了深刻的教育和启迪。通过对那个时期改革开放和经济社会发展史的一次生动、深入的学习，我对当时中央重大决策的背景和来龙去脉有了更深入的理解，从中也学到了研究我国经济问题的基本方法，对我后来的研究工作有深刻影响。

我自少年开始爱读小说，从武侠小说到古典小说再到外国小说，这有助于丰富我的人生阅历。读一部文学巨著，犹如经历了一次人生，可以得到不少有益的感悟。

进入老年我读书的兴趣不减，除了工作和研究需要读的书，我经常阅读的有国外媒体和智库关于国际经济、政治的研究资料，网上的信息、文章，包括中西医健身养生的知识等。爱读书使我拥有诸多伴随一生的“良师益友”，真是其乐无穷、受益不尽啊！

二 珍惜和利用好时间

再读朱自清的著名散文《匆匆》，感慨良多，尤其在辞旧岁迎新年之际。“我们的日子为什么一去不复返呢”，“八千多日子已经从我手中溜去”，“我不禁头涔涔而泪潸潸了”。朱自清发出如此感慨时才二十四岁，“我不知道他们给了我多少日子”？很不幸，朱自清在五十岁时就因贫病交加过早地离世了。算起来也只有一万八千多个日子。与他相比，我是幸运的，细算到今天已经过去两万九千六百三十六个日子了。但是，我对时间的自觉则要晚得多。虽然童年时就对光阴似箭、日月如梭、一寸光阴一寸金、寸金难买寸光阴等俗语耳熟能诵，但真正体会到时间之宝贵，并且在行动上珍惜时间、想方设法利用好时间，已经快到中年了。也是在这时我悟到了：人生之谜是谁也不知道自己在何时、以何种方式到达终点。正因为如此，应该十分珍惜时间、热爱生活、过好每一天，同时也应该尽可能延长生命的长度。这既是对自己负责，也是对哺育、教育、培养个人成长的亲人和社会负责。随着日子的飞逝，我越来越强烈地感受到：离终点越来越近了，该做的事应该继续努力做好，同时尽可能延长对家庭和社会尽责任的时间。这是愿望，但不知道“他们还会给我多少日子”。

以上这段话，是我在2016年12月31日重读朱自清散文《匆匆》后发在微信朋友圈的感言。最后一句是问我的生命还有多少日子，这当然是没有答案的。年轻时总觉得来日方长，到了中年开始感到时间过得快，随着年龄增长，这种感觉越来越强烈。这也许是因为在和平安定的环境、衣食无忧，一日又一日有规律地重复，或许是因为我常用已经过去的日子来衡量未来的日子，于是产生了时间在加速流失的感觉。我常想如果生命可以重新来一次，我最想做的就是从小就珍惜时间，在一生中无论处于何种环境都要充分利用好时间，从不浪费时间。回首往事，我最遗憾的就是由于客观和主观的原因，曾经浪费了不少时间；我最庆幸的就是觉悟到珍惜时间就是珍惜生命，从而努力珍惜时间、利用好时间。

我读小学和初中时虽然学习是努力的，但不懂得怎样利用好时间。初三那年我在与团市委书记的工作联系中，发现他工作有条不紊、忙而有序，就向他请教。他教我学习和工作要分轻重缓急，然后有计划分配时间，并善于利用零碎时间等方法。我读中专时照他的方法做，果然提高了学习效率和工作效率，并且做到两不误。曾经有多年，我每天晚上睡觉前，都要反省一下当天有没有浪费时间，第二天的学习和工作怎样安排可以节约时间。这个习惯使我收获了有计划分配时间和充分利用时间的好处。后来多年我一直有意识地探索提高时间利用效率的方法。比如，为提高学习效率，上课、开会、听报告，我都专心听、认真记，“好记性不如烂笔头”（而字写越小记录速度越快)。过后在记忆犹新时重温笔记，可以更好地领会内容、掌握要点。

又比如，书籍、报章浩如烟海，阅读要兼顾精读与博览，因此可分几类。一类是经典著作、古典著作、专业教科书、指导性文件，要精读、细读，甚至反复读，有的还要摘抄要点，写心得体会。另一类是有些参考价值的著作、文章，可先粗读全篇，再细读其中的重要章节或段落。再一类是量大面广的，可以泛读、速览，了解相关信息与学术动态。冯友兰先生在87岁时写的《我的读书经验》一文中总结了他80年的读书经验，概括为四条：精其选，解其言，知其意，明其理。在第一条“精其选”中他把书分为三类：第一类是要精读的，即要认真地读，一个字一个字地读。第二类是可以泛读的，即可以粗枝大叶地读，知道大概就可以了。第三类是仅供翻阅的，即看看标题，有兴趣的内容大略看看。我多年来的读书方法，同冯友兰先生“精其选”的读书经验，其要点类似。再比如，阅读和写作结合的方法：平时认真、大量的阅读，可以为撰写文章打下基础。平日多阅读、多思考、多练笔，厚积薄发才能提高文章质量。而为撰写某个题目的文章需要，带着问题去阅读相关书籍和文章，则可以使阅读更有针对性、更加深入，效率往往也更高。

何谓珍惜和利用好时间？这个问题可能仁者见仁，智者见智。主要取决于对人生意义的理解和目标的定位。我在中年之后随着对人生意义的感悟，对珍惜和利用好时间含义的理解比以前有所深化：重点放在尽自己所能做好所承担的工作上。1988年以来，我很荣幸有机会持续地参加党和国家部分重要文件的起草工作，使我能把毕生所学的专业知识和文字工作的一技之长在伟大事业中贡献微薄之力。我对每一次参与文件起草工作，都十分珍惜并竭尽所能，看作是报答党和国家对自己的教育、培养的机会，也看作是弥补中年那段曾经浪费了的时间的机会。同时，我也把珍惜和利用好时间的内涵，拓展到把学习、工作、生活都包括在内的时间利用效率，尤其是更加重视通过健身养生延长生命的时间长度。

2016年5月1日，我曾写了一段“我的劳动观”的感言发在微信朋友圈，说道：“我有过两次启蒙，一次是七岁上小学，一次是后来学习家务劳动。我4岁前母亲、父亲相继去世，是哥哥姐姐们在十分艰难的境况下哺养、教育我成长。是他们让我懂得努力学习，学会管理自己的生活。也要感激在新中国旭日阳光下受到的崭新教育，使我懂得劳动创造世界和劳动人民创造历史的道理。从读中学、大学时起到后来下放农村以及到‘五七’干校，经常参加体力劳动，不仅体验了劳动的艰辛，也学会一些劳动技能，感受到劳动带来的愉悦。马克思讲过，劳动在未来社会将不再是谋生的手段，而成为生活的第一需要。现在新技术革命正使体力劳动的繁重和艰辛不断减轻，马克思预期的劳动成为生活第一需要的未来总有一天会成为现实。但在这一天到来之前，把劳动当作是生活的一部分，当作是一种责任，在劳动中享受愉悦，是可以做到的。”转变对劳动的态度，养成劳动习惯，就不会视劳动为负担。我常运用“时序经济学”提示的方法，巧妙搭配时间，提高效率，尽量做到阅读、工作、健身和家务兼顾。

珍惜时间，必然热爱生活、珍惜生命。除了提高单位时间利用效率，更重要的是延长生命，即增加人的一生的时间长度。因此，应该把一生中用于健身养生的时间，都看作是为延长一生总时间而付出的必要时间，因为由此得到的回报即延长生命所赢得的时间，将会大大超过用于健身养生所付出的时间。这还没有计算由于减少疾病、就医所节约的时间，以及由于身体健康而提高生活质量和工作效率等所增加的时间。所以，从人一生的全局和整体上看问题，保持健康并延长生命的时间长度，是珍惜和利用好时间的根本举措。

三 从冷水浴到冬泳的往事

我重视健康和体育锻炼是到了中年才开始的。年幼时因家境贫寒，温饱难以为继，缺乏必要营养，身体比较瘦弱。5~9岁生活在农村，在大孩子们带领下，我六七岁学会了游泳，也常在田野奔跑，跟着牛群上山，身体得到一些锻炼。后来随家迁到城里读书，从小学四年级到初中、中专再到大学，除了上体育课和住校生早晨集体出操、跑步之外，课余时间都用在阅读和工作上，很少参加健身活动。中专毕业后工作期间和大学毕业工作后，仍然延续过去的惯性，缺少体育活动，加上经常阅读、工作到深夜，30岁后身体开始走下坡路。1969年2月患腮腺炎，高烧几天后并发前列腺炎，又因服用激素治疗，转为药物性肝炎，验血转氨酶数值高达300多。虽经多方治疗，到1970年2月转氨酶降到正常，但经过近一年连续患病，身体虚弱。1970年3月下放到江西余江县人民大学“五七”干校后，劳动时间长、营养较差，常感到肝区疼痛。后来受到照顾，减轻了我的劳动强度。由于农村空气清新，从住地到工地每天要往返步行一个多小时，加之适当劳动，我的肝炎没有复发，身体反而比之前好了。但毕竟因为病后失之调养，留下了肝肾失调引起的后遗症——偏头痛。1971年春调到《红旗》杂志后，经常加班加点、工作到深夜，那些年失眠、偏头痛、消化不良等病痛一直折磨着我。到1977年开春时，我的身体状况实际上已经到了崩溃的边缘。

也许正是“置之于死地而后生”吧，当时我反复思考着同一个问题：怎么才能走出身体困境？开始是早晨起来跑步，之后又练习简化24式太极拳，但是效果都不明显。这时我在图书馆看到一本小册子，讲冷水浴和冬泳对强身健体的好处，对失眠、消化不良等慢性病尤其有效。我下决心效仿，记得那是1978年4月中旬，室内温度只有10多摄氏度，我先用冷水擦身，3天后直接用冷水冲洗身体。开始只冲一分钟，10多天后身体逐渐适应，加之进入5月天气转暖，冷水浴坚持下来了。真正的考验是这年冬天来暖气之前，室内温度和水温都很低，每天早晨冲冷水浴都要下决心、咬着牙。好在经过半年多锻炼，这时已经收到效果，失眠和偏头痛等症状明显减轻。这使我坚定决心把冷水浴进行下去。冬去春来，经过一年冷水浴，多年困扰着我的失眠和偏头痛居然治愈了。从1978年秋冬直到1980年入冬，连续不断的冷水浴使我身体走出了低谷，体重也增加了。正在这时，一场急性肺炎的袭击使冷水浴中断了。

1981年春季开始，我转而练习气功并坚持慢跑，半年后消化不良症状消失了。但身体的康复也使恢复冷水浴失去了动力。直到1987年春我患了肩周炎，疼痛难忍，尤其是连续多年的紧张工作和学习，失眠又来了，身体状况再次敲了警钟。当时我刚过五十岁，想到未来还会有越来越多的疾病缠身，深深的危机感再次使我下决心要找到出路。这年冬天，我开始每周在室内游泳两三次。没有想到是，两个月后肩周炎未治而愈了。我意识到这是鼓励我继续努力。1988年3月8日下午，我骑自行车外出办事，路经什刹海东岸时，看到有10多位中老年人正在冬泳，当时刮着五六级大风，气温、水温都在10摄氏度以下，而冬泳者个个精神抖擞，谈笑风生。这是我第一次实地看到冬泳，受到很大震撼，下决心也加入他们的行列。当年7月我到北戴河参与文件起草工作，8月下旬回京前每天早晨都下海游泳。回到国家计委上班后，每天中午到玉渊潭游泳，一直坚持到11月上旬。

这时真正考验开始了，因为11月温度变动最大，几天来一次寒流，气温和水温就要下降几摄氏度，我下了很大决心，终于闯过了难关。到了12月水面结冰以后，水里温度已降到两三摄氏度。由于经过10月至11月的锻炼，身体已逐渐适应寒冷，加之气温也已降至零下，脱了外面衣服只穿泳裤，先把皮肤冻到发紫再下水，已经不觉得怎么冷。玉渊潭水闸上面冰下的水是流动的，最冷时水温常在1摄氏度以下，但下水后的感觉与水温两三摄氏度也差不多。下水前有点畏惧，上岸后充满愉悦。冬泳实际上不仅是锻炼身体，而且是锻炼意志和毅力。每一次冬泳归来，都有一种战胜自我的喜悦。有时刮起大风或下大雪，气温降至零下八九摄氏度，也常有去或者不去的思想斗争，“坚持就是胜利”的召唤，使我勇气倍增。就这样送走了冬天，我第一次完整地经历了冬泳。

冬泳的效果是很明显的：失眠症完全消失了，入睡快不易醒，睡眠质量高，白天精力充沛。当紧张工作多日、连续睡眠不足时，只要有时间想睡觉，躺下即刻可以睡着。胃口好，中午在食堂吃半斤米饭，到了下午很快又饿了。还有就是不再怕冷，冬泳那些年，我从4月中旬开始穿单衣，到了10月中旬也仍穿单衣，多年未患感冒。这同我以前特别怕冷、刚入冬就得穿棉衣且常患感冒相比判若两人。下决心行动，行动的效果增强了信心，又反转过来促进决心和行动的持续。我对冬泳也从外在的强制慢慢变成了内在的需求，以至于上了瘾，到了冬季一天不游，就坐卧不安，全身不舒服。那些年如果遇到冬季出差或出国，回到北京的第二天便赶去冬泳，头两三天有些畏惧，一咬牙很快就又适应了。

除了玉渊潭，我也常到什刹海东岸、后海北岸、颐和园南门运河码头等地冬泳。这些地方一到冬季，早晨、中午、傍晚都有冬泳者的身影。冬泳被称为勇敢者的运动，冬泳爱好者身上洋溢着乐观向上的精神，他们用不畏严寒的精神和行动相互激励着，一到冬泳的场所，就会感受到一种由正能量形成的强大气场，顿时让人心情激动、勇气倍增。冬泳是一种特殊的实践活动，它对身体和精神的锻炼效果，只有冬泳者才能体验。我的体会是，人是具有高级神经活动的动物，冬泳通过超常规的刺激，充分激发了人的潜能，使失调而陷于紊乱的神经系统恢复平衡、归于正常，从而祛病强身。其他体育锻炼活动，只要能调节身体功能、愉悦心情、激发潜能的，也都能收到良好效果，但和冬泳一样，关键在于坚持。

冬泳在锻炼身体和意志的同时，也提高了生命质量，增加了生活乐趣。1991年1月初我出差到湖南，有一天上午到长沙橘子洲头下湘江游泳，当时气温、水温只有六七摄氏度，天空下着小雨，我走了一段河滩，下水游了10多分钟，回到亭子里换衣服时想起了“万类霜天竞自由”的词句，自豪感油然而生。1992年1月到青岛开会，我用中午时间到附近海里游泳，俯仰海天一色，好似身心都融入了大自然。1999年2月我到法国考察，有一天乘车去尼斯途经戛纳，在海滨浴场下海游泳，当时气温和海水都是七八摄氏度，我游出去近百米才折返，当地游客都觉得很新奇。那些年的冬天，无论我出差到哪里，只要条件允许就在当地冬泳，不至于因出差或出国而中断了冬泳。

一年又一年冬去春来，到了2005年我已连续17年冬泳，其间经历无数风雨冰雪严寒的考验，并付出了许多时间，然而得到的回报也异乎寻常。1996年10月我已年满60岁，此前及以后多年我的精力一直旺盛，每天上午、下午、晚上三段时间工作和阅读都不觉得累。记得2000年前后几年，在参加会议期间，有几次文字工作进行到凌晨两三点，仍能保持工作状态，过后能熟睡到早上8点，接着正常工作。那10多年间体重保持在63公斤左右，没有“三高”等基础性疾病，也极少患伤风感冒。直到2005年冬因血压不正常、遵从医嘱而停止冬泳了。幸运的是，我很快便转到室内游泳，并且一直坚持了下来。

我受益于冬泳良多：这不仅因为冬泳使我的身体状况走出困境和低谷，保持了近20年的健康状态，并为之后这些年的健康打下基础，还因为冬泳培养出来的勇气和毅力，使我后来的室内游泳、步行快走、自我按摩等健身活动，都能坚持不中断。这些年来，每当遇到困难或者产生消极偷懒情绪时，我就想起了冬泳，与冬泳遇到的困难相比，还有什么不能克服、不能坚持的！冬泳的实践唤醒了我对健康的重视、信心和自觉。现在虽然停止了冬泳，“我的健康我做主”的自觉意识仍在延续并保持。我一直在从各个方面（健身活动、饮食养生、心态调整、起居睡眠等)探索和践行健康之道，并不断有新的认识、新的收获。人的身体由于先天遗传和后天的环境、职业、习惯等因素，都会存在薄弱环节，健身养生既要增强全身功能，更要“补短板”“强弱项”。就我而言，增强心肺功能、补肾健脾养肝、强健筋骨是重点。现在我每周在室内游泳三四次，在蛙泳时把口鼻埋在水里向前游10米左右再出水面呼吸，如此反复练习。这相当于增强型蛙泳，对扩大肺活量很有好处。游泳之后冲澡时，先用热水再用冷水交替一次，有利于增强血管弹性。又比如，我经历60多年的伏案阅读和文字工作，使得颈椎、腰椎都有宿疾。10年前曾两次患腰椎间盘突出症，疼痛难忍，也影响正常生活和工作。几年前我开始练双手抓住单杠使身体悬空下垂，利用地心引力对体重的牵引作用，增强手、臂、颈、背、腰等部位的肌肉力量，并达到抻筋拔骨，使颈椎、腰椎的关节位置及时得到矫正和恢复。这样每天练10多分钟，四五年坚持下来，不仅颈椎、腰椎的旧疾没有复发过，而且多年前就有的驼背、手抖，也有明显改善。再比如，应用中医的药食同源和补肾健脾养肝的道理，我每天早晨喝一杯桑葚干煮的温水，早餐吃一碗有牛奶和适量枸杞、燕麦、黑芝麻粉、茯苓粉，或芡实粉、葛根粉等煮成的粥。此外，每天都吃适量的白薯、土豆、山药。坚持多年确有健身的效果，并保持了肠道通畅，极少上火感冒，身体状态良好。我的体会是，中医讲的“治未病”确有道理，只要探索适合自身状况的办法，并且努力坚持，就可以保持健康和活力。人的一生每一天都在“再出发”，说“生命不息，奋斗不止”是有道理的，就保持自身健康而言也是如此。

附录

危机对我国中长期经济增长格局的影响

（2009年7月6日）

国际金融危机及世界经济衰退对我国经济的影响包括两个部分：一是对我国经济近期的影响，主要是对2009年和2010年经济增长包括出口、进口、投资、消费、就业以及财政收入、企业利润、居民收入等的影响；二是对我国中长期经济增长格局和发展战略的影响。目前，对第二个方面影响及对策的研究还比较少。实际上，这个问题关系能否把国际金融危机的挑战转化为长期保持经济平稳较快发展的机遇，与解决近期问题同样具有重要意义。

一 我国经济周期性调整的原因和特点

探讨国际金融危机对我国中长期经济增长格局的影响，有必要先分析一下当前我国经济周期性调整的原因和特点。

改革开放以来，随着我国经济对外开放度的不断提高，发达国家经济衰退对我国经济的影响在不断加深。但由于发达国家经济周期和我国经济周期在时间上有一致的情况，也有不一致的情况，因而影响的大小又有所不同。例如，1997

年亚洲金融危机对我国出口有很大冲击，但由于当时美、欧等发达经济体正处于经济周期上行阶段，所以整体上对我国的冲击没有目前这一次严重。又如，2001年美国经济由于信息技术泡沫破灭而陷入衰退，后又受到“9·11”事件冲击，但当时我国经济正进入新一轮周期上行阶段，国内需求迅速回升，很快就弥补了对美出口所受的影响。而这一次有三个过去从未遇到的情况：一是去年以来国际金融危机及世界经济衰退来势之猛、波及范围之广、影响程度之深，都超过20世纪30年代以来的任何一次危机，可以说是一次“天文大潮”。它是由多年来世界经济严重不平衡引起的，必然导致世界经济结构的一次大调整。二是国内经济也正经历一次大的调整，即前些年高速增长积累起来的结构失衡引起的一次周期性调整。三是世界经济和国内经济两个周期性深度调整在时间上正好重叠，使得两方面因素重叠交织、相互影响，形成多年未有的严峻经济形势。

当前，国内经济的周期性调整除了有国际因素，也有国内原因。从2000年开始，我国经济摆脱亚洲金融危机冲击后进入新一轮增长周期，经济增长率从1999年的7.6%（上一轮周期谷底）回升到2000年的8.4%，2001—2007年的增长率分别为8.3%、9.1%、10%、10.1%、10.4%、11.6%、13%，2008年回落到9%。这一轮扩张期在基数比以往高得多的情况下连续5年保持10%以上的高速度，使我国经济实力大幅度提高：GDP总量从1999年的8.97万亿元增加到2008年的30万亿元，按可比价格计算累计增长1.35倍。但是，在经济高速增长中也积累了不少矛盾和问题，最为突出的是经济结构性矛盾。可以说，经济结构失衡是这次周期性调整的主要动因。21世纪，我国进入改革发展新阶段，也进入工业化、城镇化加快推进阶段。经济高速增长得益于对外开放扩大，得益于重化工业加快发展和城镇化步伐加快，但由此也引起投资与消费失衡、内需与外需失衡、三次产业结构不合理等结构性矛盾和资源消耗过多、环境污染加重等问题。

投资与消费失衡表现为投资率过高，消费率持续下降、明显偏低。固定资产投资连续几年高速增长，2007年比2002年累计增长2.16倍；而同期社会消费品零售总额累计仅增长85.4%。按支出法计算的GDP增长中，最终消费的贡献率2000年为65.1%，2001年和2002年分别为50%和43.6%，2003—2007年连续5年降到40%以下；而资本形成总额的贡献率由2000年的22.4%上升到2006年的42%和2007年的40.9%。内需与外需失衡主要表现为货物和服务净出口对经济增长的贡献率持续上升，2006年和2007年分别达到19.3%和19.7%。2007年投资和净出口两项贡献率相加达到60.6%。同时，我国经济高速增长中还存在经济增长方式粗放和三次产业结构不合理等突出问题。2003—2007年第二产业占GDP比重由46%上升到48.5%，其中工业比重由40.5%上升到43%；而服务业比重由41.2%下降到40.4%。经济增长方式粗放的主要表现是经济增长所付出的资源、环境成本过高。2002—2007年能源消费总量累计增长75%，超过同期GDP累计增长率7个百分点。与此同时，主要污染物排放总量有几年连续上升。造成资源高消耗和污染物高排放的重要原因是我国资源和资源性产品价格偏低，而且没有把环境损害成本计入价格。随着能源、资源、土地、环境以及资金、劳动力等要素成本上升，依靠低要素成本、低资源成本、低环境成本的投资结构、产业结构和粗放型增长方式已不可能再继续下去，必然导致经济由扩张转为收缩的周期性调整。可见，即使没有国际金融危机引发的世界经济衰退冲击，我国经济这次周期性调整也是要发生的。当然，如果没有外部因素的猛烈冲击，我国经济周期性调整可能以比较平缓的方式进行。

二　判断我国中长期潜在经济增长率

这次国际金融危机过后，我国经济增长格局将发生重大变化，像前些年那样主要依靠出口和投资带动经济高速增长的条件不仅在危机中已经改变，而且在危机后也不可能恢复。从国外看，美国迫于世界舆论压力和自身利益的需要，危机之后不大可能再继续依靠无限制的经济透支来支撑过度消费。同时，美国等发达经济体为应对危机而大规模增发国债和货币，必然带来新一轮的美元贬值和世界性通货膨胀。危机也使各国间经济贸易竞争更加激烈。因此，我国外贸出口在危机过后不可能再恢复到危机前那种持续高速增长的局面。从国内看，一是随着资源、环境对经济增长约束的强化以及劳动力、土地、资本等成本的上升，过去那种依靠低成本优势支撑出口高速增长的路子也不可能再继续走下去；二是经过前几年投资过度扩张，我国不少行业已出现产能过剩，加上2008年以来实施4万亿元刺激经济一揽子计划，不少领域的投资已经或接近饱和，今后不可能像前些年那样有那么多投资热点，一直保持那么高的投资增长率。

为解决国内经济结构失衡等问题，应对危机对我国中长期经济增长格局的影响，我国今后需要对经济发展战略包括速度、结构和增长方式等进行重大调整。先就经济增长速度的调整做一些分析。

我国改革开放30年来GDP年均增长率为9.8%，因而有一种普遍认同的观点是，我国GDP潜在增长率在9%～10%（我也赞同过这样的判断）。由于2003—2007年GDP增长率连续5年在10%以上，也有观点认为我国GDP潜在增长率在10%以上。现在看来，对经济潜在增长率的高估和实践上追求过高的速度，对保持经济平稳较快发展是不利的，也是不切实际的。首先要看到，GDP增长速度和GDP总量有密切关系。GDP总量越大，每增长一个百分点所含的绝对量就越多，如改革开放30年来我国GDP总量按可比价格计算增长15.5倍，这意味着现在增长8%就相当于1979年增长1.24倍。因此，发达国家现阶段的增长速度一般都低于历史上的增长速度。随着我国经济总量越来越大，GDP潜在增长率逐步下降是正常的，符合经济规律。其次要看到，我国2003—2007年的高速增长有其特殊的客观条件，包括：美国经济和世界经济那几年处于高涨期；我国加入世界贸易组织后头几年释放出积极效应；亚洲金融危机后我国经济经过调整，为后几年加速发展积蓄了能量；工业化、城镇化在一段时间内对加快发展产生了带动效应；等等。再次要看到，虽然有这些有利条件的组合，但那几年的高速增长也付出了经济结构失衡、产能过剩、安全事故增多，以及资源消耗过大、生态环境恶化等较大代价。正是因为速度过高在短时间产生的过大需求，为生产技术水平低、资源消耗高、产品质量差、污染物排放多的企业创造了赢利和生存的外部条件。而这些劣等生产条件企业的生存，降低了经济结构的整体水平。同时，由于劣等生产条件的企业创造单位GDP所付出的资源消耗、环境损害等方面的边际成本是最高的，大大高于全社会平均成本，因此必然导致整体经济的投入产出率下降和资源环境成本上升。

事实证明，研究GDP潜在增长率，除了要考虑新增劳动力和劳动生产率提高两个基本要素，还要考虑国内外市场需求容量以及资源、环境承载能力。此外，改革开放以来，我国固定资产投资增长率除少数年份外，一般比消费增长率高10个百分点左右，因此经济增长从主要依靠投资拉动逐步转到更多地依靠消费拉动，GDP增长率也会相应降低。综合这些因素，我国今后中长期GDP潜在增长率为7%～8%的判断比较符合实际。这与“十一五”规划提出的预期增长率7.5%是一致的。应当说，能长期平稳地保持这样的速度，特别是使这样的速度建立在优化结构、提高效益、节约资源、保护环境的基础上，需要付出巨大努力。还应指出，人们担心经济增长速度的降低将使就业问题更加突出。如果经济结构不调整，确实是这样。但由于服务业同重化工业相比每增长1个百分点所能吸纳的就业容量要大得多，而对能源、资源消耗和环境损害的成本却低得多，因此关键是要大力调整经济结构，从主要依靠发展重化工业带动经济增长逐步转到主要依靠发展服务业带动经济增长。这样，就可以抵消或减轻经济增长率降低对就业的影响，并且缓解经济增长与资源环境的矛盾。2008年我国服务业增加值占GDP的比重为40.1%，2007年服务业的就业人数占全社会就业总数的比重为32.4%，不仅大大低于发达国家，而且低于同我国发展水平相当的国家。所以，发展服务业、提高服务业的就业比重还有很大空间。总之，至关重要的是在适当降低经济增长率的同时，通过调整优化结构，提高每个百分点经济增长率的就业容量、科技含量和投入产出效益，并降低资源消耗和环境损害成本。这正是我国应对危机带来的经济增长格局重大变化的出路所在。

三　以危机为契机加快结构调整和发展方式转变

解决多年积累下来的结构失衡问题，并转变粗放的增长方式，需要有一个中长期的战略思路。这里仅从调整需求结构方面谈点思考。

在市场经济条件下，社会有效需求是决定经济增长速度的主要因素，而需求结构又是决定生产供给结构的主要因素。我国前几年结构失衡，主要是需求结构（内需与外需、投资与消费）失衡，因而调整需求结构具有决定性意义。投资、消费、出口三大需求是拉动经济增长的三驾马车。出口需求在危机中锐减，在危机后也不可能恢复到前些年高速增长的状况；投资需求增长受多方面因素制约，也不可能像前些年对经济增长起那么大作用。从中长期看，潜力最大的是消费需求。扩大消费需求，是今后我国经济平稳较快增长的希望所在。因此，必须把扩大消费需求作为一项战略，采取短期与中长期相结合的综合政策措施。从当前看，最重要的是，在稳定提高居民收入水平的同时，对国民收入分配结构进行较大调整。投资率上升、消费率下降的症结在于：在国民收入分配中，国家、企业所得比重持续上升，居民收入比重明显下降，不同社会群体收入分配差距不断扩大。这就导致广大中低收入者购买力偏低。所以，调整国民收入大的分配结构和不同收入阶层的分配结构，增加占人口大多数的中低收入者收入，是扩大消费需求的治本之策。

通过调整收入分配结构扩大消费需求，还有一个重要方面，就是增加政府在提供公共物品和公共服务方面的财政支出，同时逐步缩小公共物品和公共服务在城乡、区域和不同群体之间的分配差距。这两个方面都有很大努力空间。从前一方面来看：2001年，财政的教育支出占GDP的比重，高收入国家平均为6.8%，中等收入国家平均为4%，低收入国家平均为3.7%，而我国2008年为2.97%；2001年，财政的卫生支出占GDP的比重：高收入国家平均为7.9%，中等收入国家平均为1.9%，低收入国家平均为1.2%，而我国2008年为0.91%；2001年，财政的社会保障支出占GDP的比重，高收入国家平均为13.4%，中等收入国家平均为7.9%，低收入国家平均为1.8%，而我国2008年为2.25%。因此，逐步增加公共财政对教育、卫生等社会事业和社会保障的支出，同时逐步缩小公共物品和公共服务在城乡、区域和不同群体之间的分配差距，不仅可以缓解收入分配不公，而且可以改善居民对未来消费支出的预期，从而直接和间接地扩大消费需求。

调整经济结构，既要做减法，也要做加法和乘法。一般说来，当经济衰退、经济周期进入下行阶段时，需求大幅减少，那些劣等生产条件的企业会在竞争中被淘汰。同时，危机或衰退将刺激新技术应用，并催生新的产业，成为新技术投资和经济结构优化升级的起点。因此，危机或衰退虽然对经济是一种破坏力，但它又通过市场竞争对经济结构的调整和优化起到强制性的促进作用。现在，美国、日本、英国都提出要把发展低碳经济作为今后的发展方向和主要动力。我国经济增长中能源消耗过大、利用效率较低，同时能源结构不合理，煤炭在能源消费中占70%左右，因此调整能源结构、发展低碳经济潜力巨大。在这个方面，既要做减法，即加快淘汰高耗能、高排放的落后产能，又要做加法，就是大力增加对节能减排和环保产业的投入，加快发展低碳经济，使之成为调整优化经济结构和转变经济发展方式的结合点和重要方向。在经济结构调整上做加法，还有一个重要方面，就是加快发展服务业，同时大幅度增加对教育、卫生和社会保障等方面的投入，积极促进这些方面发展。当然，更重要的是在调整优化结构中做乘法，这就是增强自主创新能力，加快研发先进技术，抢占高新技术领域的制高点。

（本文原载《人民日报》2009年7月6日，《新华文摘》2009年第17期转载）

关于转变经济发展方式问题

（2010年2月3日）

党的十七大根据我国改革发展进入新阶段面临的新情况新问题，明确提出要加快转变经济发展方式，改变经济增长主要依靠投资和出口拉动、主要依靠第二产业带动、主要依靠增加物质资源消耗的状况。这次国际金融危机及其对我国经济的冲击，证明了党的十七大战略决策的正确性和重要性，也使我们更加认识到，加快转变经济发展方式，确实是“关系国民经济全局紧迫而重大的战略任务”。2009年年底召开的中央经济工作会议进一步强调，“转变经济发展方式已刻不容缓”。发展方式转变及相应的结构调整和改革深化，是我国经济正在经历的一次深刻转型。未来应对后危机时代国内外经济环境的新变化新挑战，使我国经济实现均衡、可持续的发展，在很大程度上取决于成功实现这次新的转型。

一　我国发展的国内外环境和条件出现重大变化的客观要求

为了从全局和战略的层面理解转变经济发展方式的深刻内涵和重大意义，有必要分析一下我国经济发展的国内外环境和条件已经和正在发生哪些重大变化及其对经济发展方式的影响。

（一）社会总供求格局的根本性变化要求经济发展方式相应转变并为之提供了条件

进入新时期以来，改革开放极大地促进了我国生产力发展。到20世纪90年代中期，我国告别了短缺经济，绝大部分商品由供不应求的卖方市场转变为供过于求的买方市场。国内资金也由总体上不足转变为总体上剩余。与此同时，经济增长由过去主要受供给因素制约转变为主要受需求因素制约。社会总供求格局发生了根本性变化，而以追求数量和速度为重要特征的粗放型增长方式却没有转变，这必然导致经济在扩张到一定程度后因需求相对不足而出现周期性收缩。1998—2000年和2008年以来两次发生社会总需求不足、部分产能过剩和通货紧缩趋势，虽然直接原因是亚洲金融危机和国际金融危机引发我国出口大幅度下滑，但也暴露出我国经济在需求相对不足成为主要矛盾的大背景下存在的缺陷。一是过分依靠国外需求，因而易受外部因素冲击，经济增长的稳定性、持续性不够；二是与生产、供给能力的高速扩张相比，国内消费需求增长滞后，只得过多地依靠投资和出口拉动经济增长；三是制造业产品供给过剩与服务业尤其是生产性服务业供给不足并存，社会总需求不足与广大中低收入群众对医疗卫生、教育、社会保障等公共产品和服务的需求得不到应有满足并存。解决这些问题，迫切要求加快转变经济发展方式，对投资（储蓄）与消费、内需与外需、制造业与服务业等结构进行重大调整。

（二）世界经济失衡及其调整对我国经济发展方式的影响

20世纪90年代以来，信息网络技术发展迅猛，推动经济全球化深入发展，国际产业转移和资本流动加快。而我国在加入世界贸易组织后，对外开放也进入新阶段。这种大形势总体上有利于我国吸引更多外商投资，发展外向型经济，加快经济发展。但我国承接的国际产业转移大多是技术含量和附加值低、资源消耗和污染排放较多的产品及生产环节。据专家测算，我国加工贸易产品在国内的直接增加值平均只占其出口额的17.7%，而加工贸易出口额约占我国出口总额的五成。这是我国经济对外依存度高和过多依赖物质资源消耗的重要原因。从国际上看，经济全球化促进了全球生产能力迅速扩大，同时也进一步拉大了南北发展差距和全球贫富差距，使发展中国家需求增长受到很大限制。资本主义经济固有的生产扩大与需求不足的矛盾，过去主要表现在发达国家内部，现在由于经济全球化而扩大到国际范围。这是全球经济失衡并形成所谓“亚洲生产、美欧消费”模式的根本原因。虚拟经济超常发展是全球经济失衡的另一表现。生产过剩和需求不足的矛盾，使越来越多的资金从实体经济游离出来，并与金融衍生品结合，形成巨大的虚拟资本，在全球到处套利，制造出庞大的资产泡沫。短短10年间，先后引发了亚洲金融危机和此次国际金融危机。危机充分暴露了世界经济体系和金融体系的弊端。纠正世界经济失衡、改革全球金融体系，在其中居于主导地位的美国等发达国家应承担主要责任，而包括我国在内的发展中国家也必须进行相应的结构调整和改革。我们只有适应未来世界经济格局的重大变化，加快转变包括外贸增长方式在内的经济发展方式，才能提升我国在国际经济、金融体系中的地位，减少在纠正世界经济失衡过程中可能受到的损害。

（三）国内要素成本上升和资源环境约束强化对转变经济发展方式的倒逼作用

要素成本低，是我国吸引国际产业转移和外商投资的重要优势。现在情况正在发生变化，要素成本上升将是一个必然趋势。这主要是因为我国许多重要资源短缺，人均土地只有世界人均水平的35.9%，人均水资源只有世界人均水平的25%，石油、天然气的人均水平更低得多。而随着经济持续快速增长，资源消耗量越来越大，2008年能源消费已达29.1

亿吨标准煤；石油、铁矿石等资源进口量越来越大，已占国内需求量的50%以上。但另一方面，我国资源和资源性产品的价格长期偏低，没有充分反映资源稀缺程度、供求关系变化，也没有包括资源开发和利用对环境损害的补偿成本。我国的“低成本”实际上是不完全的成本。这不仅导致资源利用效率低、浪费严重，而且使经济发展同资源环境的矛盾越来越突出。尤其是人口和工业高度集中的东部沿海一些地区，资源环境的承载能力已达到或接近极限。从整体上看，资源环境越来越成为制约我国经济发展的主要因素。要素成本上升和资源环境约束强化，正在从两头对转变经济发展方式起到强有力的倒逼作用。

（四）以人为本的发展目的决定了经济发展方式必须转变

实现以人为本的发展，不仅要求始终把不断满足人民日益增长的物质文化需要作为经济发展的根本目的，而且要求经济发展方式必须符合发展阶段和人民的新要求。这包括经济发展方式要体现发展内容的全面性，即符合全面建设小康社会的要求；要体现发展过程的均衡性和发展成果分配的公平性，有利于逐步缩小城乡和区域之间的发展差距以及不同社会群体间收入分配的差距；要体现发展环境和条件的可持续性，使自然资源和生态环境不仅满足当代人生活和发展的需要，而且能够造福于子孙后代。这些都要求加快转变经济发展方式，从注重数量和速度的粗放型发展转向注重效益和质量的集约型发展。

二 宏观经济政策应重点解决的问题

加快转变经济发展方式需要从各个方面努力，应与当前经济工作及中长期经济发展紧密结合。从发展战略和宏观经济层面看，应重点解决三个问题。

（一）调整国民收入分配结构

为应对国际金融危机冲击，我国近两年内外需失衡已在调整。虽然消费在政策刺激下增长很快，但投资增长更快，投资与消费失衡问题还没有从经济体制和运行机制上得到解决。增强消费对经济增长的拉动作用，仍然是今后调整需求结构的关键。投资与消费失衡主要是从较长时期来看的：2000—2008年，最终消费率从62.3%下降到48.6%，居民消费率由46.4%下降到35.3%。最终消费对经济增长的贡献率也由65.1%下降到45.7%。与此同时，投资率持续上升，由2000年的35.3%上升至2008年的43.5%，其中2003—2008年连续6年在40%以上。据世界银行统计，2007年高收入经济体GDP构成中，居民最终消费支出占62%，资本形成占21%；中等收入经济体这两个比重分别为60%和25%；中国分别为34%和44%。我国居民消费率明显偏低，投资（资本形成）率明显偏高。

投资是经济增长的驱动力和增效器，它从需求和供给两个方面对经济增长产生重大作用。特别是在我国现阶段，保持较高的投资率不仅是保证经济较快增长所必需的，而且符合我国基本国情和发展阶段的特征。但是，投资又是一把双刃剑，是经济波动的关键因素。远的看，历史上资本主义经济危机无一不是过度投资造成生产过剩所致。近的看，日本经济的10年停滞、美国的网络泡沫和房地产泡沫也都起因于过度投资。我国的历史经验和现实也证明，过度投资一方面会引起投资品价格上涨，导致通货膨胀和资产泡沫；另一方面又会造成一些行业产品供过于求、产能过剩、过度竞争，使企业效益下降甚至造成一些企业倒闭，并导致大量银行坏账。我国近两年为应对国际金融危机冲击，采取非常措施扩大国内投资，以弥补因出口大幅下滑产生的需求缺口，这是必要的、正确的。但从中长期看，我们所要解决的还是投资率过高和消费率过低问题。

消费是收入的函数，收入是决定消费的根本因素。我国居民消费近几年约占最终消费的73%。最终消费率和居民消费率下降，同居民收入在国民收入分配中的比重下降有直接关系。2000—2007年，这一比重从65.5%下降到57.5%，下降了8个百分点。同期劳动报酬在国民收入初次分配中的比重从51.4%下降到39.7%，下降了11.7个百分点。再从储蓄率变化看，1999—2007年，我国总储蓄率从37.1%提高到51.8%，提升了14.7个百分点，其中企业储蓄率从14.6%上升到18.8%，政府储蓄率从2.6%上升到10.8%，而居民家庭储蓄率从19.9%上升到22.2%，仅提高了2.3个百分点。这说明，投资率持续上升主要是企业和政府储蓄率上升的结果。因此，纠正投资和消费失衡的治本之策，是调整国民收入分配结构。首先，提高劳动报酬在初次分配中的比重，改变企业“利润侵蚀工资”现象，落实最低工资制度，健全最低工资标准调整机制；充分发挥工资指导线、劳动力市场工资指导价位的调节作用；逐步在各类企业建立工资集体协商制度，使工资随着企业效益的提高而相应增长；引导企业依靠改善管理、技术创新提高劳动生产率和效益，减少对低劳动力成本的依赖，实现利润和工资双增。其次，加大政府对国民收入再分配的调节力度。消费率下降与居民收入分配差距扩大有密切关系。我国作为人口大国，大众消费是消费的主体。中等收入群体比重越大，整体消费能力就越强。因此，应加大“调高、补低、扩中”的再分配调节力度。第三，把提高居民收入在国民收入分配中的比重作为宏观经济政策和中长期经济发展的重要目标，并相应调整财政支出结构和政府投资结构。政府储蓄应主要用于增加公共财政支出，缩小医疗卫生、教育等公共产品和服务的供给缺口；加快建立包括农民工在内的所有企业职工和包括农民在内的城乡居民的基本社会保障体系。政府投资应主要转向公共事业领域，尤其是地方政府应减少生产建设投资。国有企业资产为全民所有，应继续通过国有股减持等途径划拨一定比例的国有资产用以扩充社会保险基金，其增量直接用于做实个人账户或提高保障水平。国有企业储蓄应更多地用于增加全民福利，为此可以适当提高中央国有企业利润上缴的比例。

（二）加快发展服务业特别是生产性服务业。

2001—2008年，我国服务业年均增长10.8%，略高于GDP增速。但从总体上看，我国服务业发展滞后的状况仍未根本改变。2008年与2000年相比，第二产业占GDP的比重从45.9%上升到48.6%，其中工业的比重从40.4%上升到42.9%，而服务业的比重仅从39%上升到40.1%。据世界银行统计，2007年服务业增加值占GDP的比重，高收入经济体为72%，中等收入经济体为59%，中国为40%。我国服务业占GDP的比重明显偏低，尤其是同国内庞大的工业规模相比，生产性服务业发展严重滞后。这是制约我国经济发展方式转变的重要因素。

加快发展服务业具有战略意义。发达国家经济增长之所以能够主要依靠服务业带动，并且创造出比主要依靠第二产业带动高得多的国民收入，就是因为服务业特别是信息、研发、金融、物流、商务等生产性服务业对发展专业化、市场化、国际化的产业分工体系有重大作用，可以极大地提高生产效率、经济效益和经济现代化水平。在制造业的价值链中，生产加工属低附加值的环节，而处于前端的技术研发、产品设计和处于后端的品牌培育、市场营销属于高附加值的环节。制造业的转型升级在很大程度上取决于生产性服务业所包含的技术、知识和人力资本对制造业的中间投入。生产性服务业越发展，对各类高中端人才的需求就越多，从而可以吸纳更多高校毕业生就业。发达国家从“工业经济”向“服务业经济”转型，集中体现在生产性服务业对制造业的渗透和融合，成为制造业技术、知识密集的心脏和起飞的翅膀。我国经济之所以能耗物耗高、技术含量和附加值低，缺少国际品牌和核心竞争力，主要原因在于长期以物质资源的“硬性”要素投入为主，而生产性服务等“软性”要素的投入严重不足。因此，加快服务业尤其是生产性服务业发展，是我国制造业转型升级的关键，也是我国经济发展方式从粗放型转向集约型的关键。

加快生产性服务业发展，当务之急是在现代金融、现代物流、商务服务、信息服务、技术研发服务等重点领域，在研发设计能力、高端人才、服务标准国际化水平等薄弱和关键环节，取得突破性进展。为此，应积极推进改革创新，深化垄断行业改革，打破市场分割，探索建立有效推动生产性服务业发展的新体制、新机制，尤其是在金融业开放、技术研发投入方式、现代物流体系建设、信息服务政策支持、商务服务的国际融合机制等方面取得大的突破。应大力促进东部大城市率先进行经济转型，加快建设若干个具有金融服务功能、技术创新功能、商贸商务功能、信息支撑功能的大城市，带动我国生产性服务业的整体发展与功能提升。

（三）积极推进人口城镇化

提高居民消费率和加快发展服务业，都同推进人口城镇化有密切关系。改革开放以来，我国城镇人口从1978年的1.72亿人增加到2008年的6.07亿人，城镇化率从17.9%提高到45.7%。工业化和城镇化互相促进，成为我国经济发展的巨大推动力量。但从总体上看，工业化是主动推进的，是“主角”；而城镇化则是被动适应的，是“配角”。据世界银行统计，2007年工业占GDP比重，高收入经济体为26%，中等收入经济体为32%，中国为48%。我国工业比重明显偏高，而城镇化率明显偏低，表明城镇化滞后于工业化。这种情况同我国人口总量大、农村人口比重高的基本国情以及正处于工业化阶段有密切关系。但这也表明，今后推进城镇化还有很大空间，经济发展应当从主要依靠工业化推动转向更多地依靠城镇化推动。这是我国经济发展正在发生的阶段性变化的客观要求。

城镇是现代制造业、现代服务业和现代文明的载体，我国的工业化、信息化、市场化、国际化和现代化都离不开城镇化。尤其是在现阶段，积极推进城镇化是扩大内需和调整结构的重要结合点，对于破解经济社会发展难题具有重大作用。一是城镇居民消费支出约为农民的3倍至5倍，城镇人口增加将带动消费需求成倍增长。城镇人口增加所带来的农产品需求增长，也将为农业发展、农民增收提供更大空间。二是农村居民自给性消费和服务占很大比重，转为城镇居民后将被商品性消费和社会化服务所代替，在互相提供商品和服务的同时也彼此提供收入。这将促进传统服务业发展，从而为农民工提供更多的就业岗位。三是城镇人口增加将促进城镇建设和城镇公共设施与服务发展，从而带动投资需求持续扩大。四是农村居民转为城镇居民，将使其子女接受更好的教育，成为具有更高素质的劳动者和创业者，并有机会进入中等收入群体行列，有利于缩小收入分配差距。五是城镇对生产要素的集聚和有效使用有利于资源节约。城镇土地利用率高于农村，城镇居民人均用地也低于农村居民。只要在城镇扩大土地占用的同时相应腾退出农村建设用地，城乡建设用地总量就有可能节约。

积极推进城镇化，应坚持走大中小城市和小城镇协调发展的道路。我国人口总量比美国、欧盟和日本的人口总和还要多，特别是我国农村人口比重高，城乡、地区发展差距大，城镇化显然不可能在短时期完成，也不可能采取单一模式。因此，既要以特大城市、大城市为依托，形成若干大的都市圈、城市群，充分发挥其要素聚集功能和辐射带动作用，使其成为我国经济新的增长极、增长带，并吸纳更多的农村转移人口，又要进一步发展中小城市和小城镇，使其成为各类特色经济、县域经济、生活服务业的载体，成为转移农村人口的重要途径。就近向中小城市和小城镇转移，也符合一部分农民工对生活习惯、费用支出和照顾父母等的实际要求。农民工是我国产业工人的重要组成部分，积极解决农民工在城镇落户等实际问题，是推进城镇化的重要方面。要推进户籍制度改革，放宽中小城市和小城镇户籍限制，解决符合条件的农村转移人口在城镇的就业和落户问题。尤其要尽快解决农民工子女在居住地接受义务教育问题，解决农民工进入城镇后的基本养老、医疗社会保障体系等问题。

（本文原载《人民日报》2010年2月3日，《新华文摘》2010年第9期转载）

世界经济走势与中国经济大局

（2012年1月6日）

去年底召开的中央经济工作会议全面分析当前国际国内经济形势，深刻阐述今后一个时期经济工作必须把握好的重大问题，对今年经济工作的主要目标、任务和有关重大问题作出具体部署。全面学习领会和贯彻落实会议精神，需要科学分析和把握世界经济走势与中国经济大局。

一 国际金融危机深化和世界经济发展趋势

斗转星移，从美国次贷危机到欧洲主权债务危机，世界经济运行一波三折，在剧烈动荡中已经走过了4个年头。从国际金融危机进程和暴露的问题，可以看出未来世界经济发展的一些趋势。

主要发达国家经济萧条可能持续较长时间。国际金融危机发生至今，主要发达国家经济复苏依然步履维艰。美国房地产市场持续低迷，失业率和赤字率居高不下，经济复苏前景尚不明朗；欧洲主权债务危机扩散蔓延，多个国家主权信用评级下降，借贷利率上升，面临无力再融资偿债的延期风险，引起全球信贷紧缩；日本结构性矛盾和经济低迷持续多年，如今又被政府高债务、日元升值制约出口增长等问题困扰，经济复苏态势不容乐观。从近期和中期看，制约发达国家经济复苏的因素仍然不少，经济萧条可能长期化。

全球市场可能陷入持续低迷。国际金融危机发生以来，世界主要股市暴跌，至今仍处于震荡之中，加之美国房地产市场泡沫破裂，财富大幅缩水；尤其是发达国家失业率高企，使包括中产阶级在内的多数居民即期收入下降；而提前偿还债务和经济低迷又迫使居民增加储蓄，多种因素造成居民消费能力下降。企业则由于危机使投资获利空间变窄、投资风险剧增，投资行为趋于谨慎；同时危机造成资金链断裂，银行重建资产负债表，也降低了企业投资能力。从宏观政策层面看，美、欧、日等发达经济体长期“寅吃卯粮”，靠透支未来收入支撑过大开支和过高消费，导致债台高筑。因此，相关国家正在为减少赤字而紧缩财政开支，这与采用凯恩斯主义扩大政府开支以应对经济衰退正好南辕北辙。货币政策对刺激需求也已无能为力：美联储于3年前将联邦基金利率降至零；日本央行的政策利率已降至0~0.1%区间；英格兰银行两年半以来一直将利率维持在0.5%的水平，欧洲中央银行目前的利率为1%，进一步降低利率的空间都很小。这些导致需求不振的因素短期内难以改善，甚至有可能恶化，从而将导致全球市场陷入持续低迷。

传统产业产能过剩和新兴产业发展不确定性可能长期并存。国际金融危机发生以来，发达国家总结金融泡沫破裂的教训，一方面加大对传统制造业和实体经济的支持，提出“振兴制造业”“再工业化”；另一方面纷纷推出新兴产业发展战略，着力抢占未来科技和经济发展的制高点。这些动向值得重视。但是，发达国家在国内发展制造业，将使传统产业全球产能过剩的矛盾更加突出，因为发达国家制造业外包和外移，主要缘于跨国公司追求利润最大化而利用全球供应链配置资源，这在经济全球化条件下是不可能逆转的。新兴产业虽然发展前景广阔，但由于各国竞相进入和发展，市场竞争激烈，而需求环境和防范风险机制也有待完善。总之，由于传统行业产能过剩和新兴产业发展不确定性并存，全球产业结构处于“青黄不接”状态，未来较长时间还难以形成新的主导产业和国际分工格局。

围绕贸易投资、能源资源、货币等的国际竞争将更加激烈。由于市场需求不振成为制约经济发展的主要因素，各国之间争夺市场的竞争加剧，各种形式的贸易和投资保护主义愈演愈烈。危机延长和复苏缓慢虽然对能源资源需求增长有一定的抑制作用，但发达国家长期形成了对能源资源的巨大消耗，加上中国、印度等人口众多的新兴经济体正处于工业化、城市化发展阶段，经济增速较快，对能源资源的需求不断增长，而能源资源供给相对有限，因此全球能源资源的供需矛盾将长期成为制约经济发展和经济安全的重要因素。各国围绕能源资源而在贸易、投资乃至领土主权、海洋权益、地缘政治等方面的竞争和较量将更加突出。欧洲主权债务危机暴露了欧元区统一货币和各国财政分散决策的体制性矛盾。国际金融危机更是集中暴露了美元和美国的问题。长期以来，美元保持着世界主要储备货币的地位。由于美国货币政策和财政政策主要从美国经济形势和自身利益考虑，因此滥发货币、美元贬值就成了美国弥补其财政赤字和贸易赤字、向世界转嫁国内危机和困难的家常便饭。这次国际金融危机凸显了改革国际货币体系和加强对主要储备货币发行国的货币政策和财政政策监督的必要性。但是，由于这涉及各方利益特别是主要大国的利益，因而将是一个长期和艰难曲折的过程。

新兴市场国家经济将持续增长，并继续成为世界经济发展的亮点和引擎。同时，由于世界经济前景暗淡，新兴经济体发展虽然具备内部条件和潜力，但也面临外部需求减弱、输入性通胀、资源和环境压力加大、国际市场竞争加剧等多重严峻挑战，未来世界经济大环境从总体上看将比国际金融危机前的时期差，新兴经济体经济增速将会放慢。而且由于发达国家在世界经济总量中占大头，新兴经济体在国际分工体系中处于价值链低端，技术和市场仍受制于发达国家，所以，新兴经济体的结构调整任务更为紧迫，必须把经济发展重心转到扩大内需、调整结构和改革创新上。

二 继续把握和用好我国发展的重要战略机遇期

党的十六大报告指出：“综观全局，二十一世纪头二十年，对我国来说，是一个必须紧紧抓住并且可以大有作为的重要战略机遇期。”这是基于国际和国内发展大趋势作出的重大战略判断。21世纪头10年我国经济社会发展取得巨大成就，正是紧紧把握战略机遇期的结果。进入第二个10年，尽管国际金融危机使全球经济形势发生了重大变化，但是，21世纪初得出我国处于重要战略机遇期的判断所依据的国际和国内基本条件并没有发生改变。从国际环境看，世界多极化、经济全球化的大趋势没有变，和平、发展、合作的时代潮流没有变，国际大环境总体上有利于我国和平发展的局面没有变。同时，从历史经验看，危机是一种强制力量，它逼使企业和经济体加快技术创新和体制变革，正所谓“危中有机”。当前这次危机也正在催生新的科技革命，全球范围内新能源、新材料、绿色经济、低碳技术正在兴起和发展。我国在这些领域同发达国家的差距相对较小，只要我们抓住机遇，就可以在抢占科技、产业发展制高点的竞争中有更大作为。我国对外开放进入了进出口并重、引进外资和对外投资并重的新阶段，危机在这个方面也提供了新的机会。10年前提出“金砖国家”概念的高盛公司现任董事长吉姆·奥尼尔认为，目前可能是近20年来投资欧洲的最好机会，“永远别浪费一场好的危机”。从国内环境看，我国仍处于战略机遇期的基本条件也没有变：一是经过多年发展，经济实力显著增强，基础设施和科技、教育等发展的基础条件不断改善；二是工业化、信息化、城镇化、市场化、国际化的推进将继续成为经济发展的强大动力；三是我国作为人口大国消费总量大，随着居民收入稳步增长，消费结构升级加快，国内持续扩大消费需求的潜力巨大；四是劳动力和资金供给充裕，可以支撑进一步发展；五是政治和社会大局保持稳定，深化改革开放将进一步释放发展活力和潜力。总之，我国处于重要战略机遇期所依据的国际和国内基本条件并没有因为国际金融危机和世界经济形势的变化而发生根本性改变。未来10年乃至更长时期，仍然是我国必须紧紧抓住并且可以大有作为的重要战略机遇期。

也应看到，无论近期还是中长期，与国际金融危机前相比，我国发展的外部环境更趋严峻复杂，不利因素和挑战有所增加；国内由于经济长期高速增长，经济发展中不平衡、不协调、不可持续的矛盾很突出；随着我国进入上中等收入阶段，经济社会的结构性矛盾和体制性矛盾更加凸显，因此我国处于重要战略机遇期的国际和国内条件确实也发生了一些变化。适应这种新变化，我们在把握重要战略机遇期的内涵上必须与时俱进，不能把抓住机遇只是理解为加快经济发展速度，更重要的是必须加快转变经济发展方式，着力深化改革开放，积极创造参与国际经济合作和竞争的新优势。

三 正确处理稳增长、调结构和深化改革的关系

“十二五”规划纲要指出，“十二五”时期经济社会发展要以科学发展为主题、以加快转变经济发展方式为主线。这个主题和主线也是2012年经济社会发展的总要求。根据国际国内形势，中央确定2012年经济工作的总基调是“稳中求进”。这既要求保持经济平稳较快发展和物价总水平基本稳定，保持社会大局稳定，也要求积极推进经济结构调整和经

济发展方式转变，在深化改革开放上取得新突破。贯彻主题、主线和“稳中求进”的要求，就是2012年中国经济的大局。按照这个大局，应当在认识上和实际工作中进一步明确和解决三个问题。

（一）全面地、实事求是地看待经济增长速度

在国际国内经济环境复杂性和不确定性上升的背景下，中央适当调低了2012年经济增长速度的预期目标。这是从客观实际出发的，也体现了与“十二五”规划纲要确定的年均增长7%的中期目标逐步衔接。由于30多年来中国经济年均增长速度达到近10%，2008年以来虽然受到国际金融危机冲击，但仍保持在9%以上，因而国内外存在一种对中国经济潜在增长率过高估计和对实际增长率过高期待的倾向。例如，据统计，全国各省、区、市“十二五”规划提出的年均增长率加权平均达到10.5%；又如，中国经济增长率一出现从高位回落（尽管并未降到9%、8%以下），国外媒体往往就会有过度反应。因此，有必要全面地、实事求是地看待经济增长速度。

第一，7%～8%的速度不必说在危机年代是世界上绝大多数国家可望而不可即的高速度，就是在正常年份也是令人羡慕的高速度。从历史上看，美国GDP年均增长率1820—1870年为4.2%，1870—1913年为3.94%，二战后1950—1973年为3.93%，1973—1998年降为2.99%。法国、德国GDP年均增长率1950—1973年分别为5.05%和5.68%，1973—1998年

分别降到2.1%和1.76%。被认为创造了“东亚奇迹”的日本1950—1973年GDP年均增长率曾达到9.29%，随后也慢了下来，1973—1998年降到2.97%。可见，随着经济总量越来越大和发展阶段的变化，除去经济周期的短期影响，长期经济增长速度回落是受客观经济规律支配的，非人的主观意志所能改变。

第二，适当调低2012年经济增速的预期目标，不仅是由于外需减弱和国内因素导致的周期性减速，而且是由于我国发展阶段正在发生变化，潜在经济增长率必然逐渐回落。这是“十二五”规划纲要确定年均经济增长7%的基本依据。导致发展阶段变化和潜在经济增长率回落的因素包括：全球需求和经济格局的变化使外需对我国经济增长拉动作用减弱，这不是短期现象，而将是长期的；国内过度依赖投资和重化工业拉动经济增长的局面，由于投资回报率下降、容易引发通胀和资产价格泡沫以及制造业产能过剩等问题，已经难以为继，需要转向更多地依靠消费和服务业带动增长，必然使经济增长率回落，这是发达国家历史经验已经证明了的；农村富余劳动力向城市工商业部门转移是经济高速增长的强大动力，表明这种转移结束的“刘易斯拐点”（从劳动力过剩到短缺的转折点）从全国看尚未到来，但东部发达地区近年来招工难和劳动力成本持续上升说明，“刘易斯拐点”在我国可能经历一个自东向西渐次出现的过程。由于东部发达地区在全国经济中占大头，如果“刘易斯拐点”先在东部出现，也会使我国经济增长率逐渐回落。

第三，实践证明，经济潜在增长率和实际增长率不仅取决于新增劳动力数量、劳动生产率提高和国内外市场需求容量等基本要素，而且取决于能源资源和环境的承载能力。超过这种承载能力的过高速度，不仅会使增长不可持续，而且会损害当代人和后代人的福祉，与发展经济的目的背道而驰。尤其是我国经济长期高速增长主要是依靠高物质消耗和高污染物排放的粗放型增长，这使高速增长与资源环境的矛盾越来越突出。随着我国进入上中等收入阶段和全面建设小康社会的推进，城乡居民更加关注生活质量和健康安全，对洁净的水、空气和食品安全的要求更为迫切，越来越不能容忍以牺牲环境和生活质量为代价去换取高速度。

第四，对于国际和国内因素引起的经济周期性减速，政府采取反周期的财政货币政策可以阻止经济增速过度下滑，但是，对于上述多种因素造成的发展阶段变化和潜在增长率回落，就不能期待通过政策刺激人为地拉高速度。那样做，会导致通货膨胀和资产价格泡沫、金融风险和结构恶化，为长期发展留下诸多隐患。这是国际经验和我国历史经验反复证明了的。

（二）积极利用经济形势严峻的倒逼作用推进经济结构调整和发展方式转变

我国经济发展中不平衡、不协调、不可持续的问题，主要表现为结构性矛盾。具体说就是：在需求结构上过于依赖投资和外需，在产业结构上过于依赖第二产业，在投入结构上过于依赖物质投入和外延扩张；同时还表现在城乡、地区和贫富差距的扩大，以及经济增长和资源环境矛盾的加剧。多年来我们为解决这些问题虽然作了不少努力，并不断取得进展，但从总体上看，“三不”的矛盾和问题仍很突出。其原因是复杂和多方面的，包括我国是世界上人口最多的发展中国家，人多地少、底子薄，人均资源占有水平很低，城乡二元结构典型，地区发展很不平衡等基本国情，以及实行赶超战略和时间压缩型工业化路径，又正处在工业化、城镇化加快阶段等特点，都是这些结构性矛盾和粗放型增长方式存在的客观条件。除此之外，还有两个重要原因：一是存在急于求成和追求过高速度的发展思路；二是存在驱动而不是抑制粗放型增长的体制条件。这样的发展思路和体制条件又相互强化。因此，当经济处于周期上行时，我国比别的国家更容易发生政府和企业投资过度扩张，并引起周期性经济过热，导致结构性矛盾和粗放型增长。而经济下行、需求紧缩，对经济发展固然不利，但由于市场竞争加剧，优胜劣汰法则对结构调整的强大作用就显现出来。现在正是充分利用市场需求紧缩的倒逼机制促进结构调整的有利时机，应当更加注重把稳增长和调结构、转方式紧密结合起来，更加注重在转变中谋发展。理论和实践都证明，经济发展不仅是经济规模和总量扩大的过程，而且是经济结构调整和升级的过程。在经济减速的情况下，调整优化结构，可以通过提高结构效益和发展质量抵消减速的负面影响，并为长期更高水平的发展创造条件。现在，我国经济规模和总量已经很大，尤其是在全球需求紧缩、产能过剩和国内投资扩张受到市场容量不足、利润率下降等因素约束的条件下，更应把重点放在提高发展质量和结构优化升级等内涵增长上。

（三）调结构、转方式的关键在于深化改革

现在有一种强大的惯性牵引着我国经济在原来熟悉的轨道上前行，这种惯性主要来自现存利益格局决定的、改革尚不到位的体制机制。不深化改革，不排除体制机制障碍，经济发展方式就难以根本转变，也不可能加快转变。党的十六大和十七大都强调在更大程度上发挥市场在资源配置中的基础性作用，但在现实经济生活中，一些政府部门和地方政府对投资项目和经济发展的主导与过多干预仍然十分普遍。这是国民收入分配过多向投资倾斜、投资率持续攀升的重要原因。由于资本密集型的重化工业项目和基础设施项目投资规模大，对GDP和税收的贡献大，因而成为一些政府部门和地方政府主导的投资的首选；而这类项目建设周期长，借贷风险短期内看不出来，又有政府部门或地方政府担保，银行也乐于贷款。于是工业固定资产投资和基础设施投资的比重以及银行中长期贷款的比重，多年来一直大幅上升。这一方面造成经济增长过分依赖投资和工业，另一方面造成许多行业产能过剩、经济效益下降和金融风险积累。因此，深化行政管理体制、政府投融资体制和党政干部政绩考核制度等方面的改革，是调结构、转方式的重要条件。

过分依赖投资和工业，同我国生产要素和资源价格形成机制改革不到位有密切关系。建立在低成本之上的粗放型增长方式，其实并非真正的“低成本”，而是由于生产要素和

资源价格没有真正反映资源稀缺程度、市场供求关系，也没有把环境损害成本包括在内。因此从全局和长期看，粗放型增长的成本和代价其实是相当高昂的。只有积极推进生产要素价格市场化改革，才能釜底抽薪，以经济手段迫使市场主体出于追求自身利益去节约资源、保护环境，从而加快经济发展方式转变。推进要素价格改革同深化国有企业特别是垄断行业改革也有密切关系。党的十七大报告指出，深化垄断行业改革，引入竞争机制，加强政府监管和社会监督。现在有些垄断行业的利润率很高，其中相当一部分靠垄断因素获得的利润并没有上缴国家或给社会分红，而是由这些行业和企业用于投资扩张，这也是推高投资率的重要原因。同时，只有引入竞争机制，才能使垄断行业改善生产经营、改善对用户和消费者的服务。

（本文原载《人民日报》2012年1月6日）

使市场在资源配置中起决定性作用

（2013年11月15日）

党的十八届三中全会通过的《中共中央关于全面深化改革若干重大问题的决定》（以下简称《决定》），提出了一系列新论断、新观点、新决策、新举措，是中国特色社会主义的最新成果和最新发展。其中对全面深化改革具有全局和战略意义的是：《决定》明确提出“紧紧围绕使市场在资源配置中起决定性作用深化经济体制改革”，并按照这个要求，提出了经济领域众多新的重大改革举措。这是我国改革开放历史进程中具有里程碑意义的创新和发展，将对在新的历史起点上全面深化改革产生深远影响。

一　我国改革理论的重大发展

党的十八大报告指出：“经济体制改革的核心问题是处理好政府和市场的关系。”所谓政府和市场的关系，实际上就是在资源配置中市场起决定性作用，还是政府起决定性作用的问题。35年来，我国经济体制改革和对外开放，始终是围绕着正确认识与处理政府（计划）和市场的关系这一核心问题展开的。

改革开放以前，我国实行的是高度集中的计划经济体制，其根本特征就是否定和排斥市场作用，完全由政府通过国家计划进行资源配置。当时主导的传统观念认为，市场经济是资本主义特有的，计划经济才是社会主义经济的基本特征。因此，改革开放要在实践上突破计划经济体制的束缚，就必须在思想上突破否定和排斥市场的传统观念的束缚。20世纪80年代，随着改革开放实践的推进，我们对政府（计划）和市场关系的认识逐步摆脱了传统观念的束缚，对推动改革和发展起了重要作用。特别是1992年初邓小平同志在视察南方重要讲话中明确指出："计划多一点还是市场多一点，不是社会主义与资本主义的本质区别。计划经济不等于社会主义，资本主义也有计划；市场经济不等于资本主义，社会主义也有市场。计划和市场都是经济手段。"这个精辟论断，使我们对政府（计划）和市场关系的认识有了重大突破。随后党的十四大明确提出："我国经济体制改革的目标是建立社会主义市场经济体制""就是要使市场在社会主义国家宏观调控下对资源配置起基础性作用"。这一重大理论突破，对推动我国改革开放和经济社会发展发挥了极为重要的作用。

在党的十四大提出市场作用的定位之后，我们党一直在继续探索适应改革和发展客观实际变化要求的准确定位。党的十六大提出"在更大程度上发挥市场在资源配置中的基础性作用"，同时删去了"在国家宏观调控下"的定语。党的十七大提出“从制度上更好发挥市场在资源配置中的基础性作用”。党的十八大进一步提出“更大程度更广范围发挥市场在资源配置中的基础性作用”。从党的十六大到十八大，在市场基础性作用前面所加的关键词虽有所不同，但都集中在强调改革取向是增强市场作用。这些重要论断为此次《决定》提出“使市场在资源配置中起决定性作用”在思想和理论上作了准备。

从实践背景看，国际经济环境和国内发展阶段的重大变化，迫切要求我国经济加快转型升级，进一步增强发展活力和创新动力；而当前经济发展中不可持续的突出矛盾，如部分商品和要素价格扭曲、经济结构和发展方式不合理、产能过剩、地方债务和金融风险积累、生态环境恶化等，都与政府对资源配置干预过多和干预不当、市场功能发挥不够有密切关系。《决定》根据完善社会主义市场经济体制和现阶段经济发展的客观要求，广泛考虑各方面意见，将使市场在资源配置中起“基础性作用”修改为“决定性作用”，虽然只有两字之差，但却是提出了一个重大理论观点。“决定性作用”和“基础性作用”，这两种表述不是矛盾和对立的，而是一致和衔接的，前者是在后者基础上与时俱进的发展。“决定性作用”的表述，在理论上更为明确、到位，对于现阶段经济体制改革的指导更有针对性，是我国改革理论在新的历史条件下的重大发展。这个新表述有利于进一步在全党全社会树立关于政府和市场关系的正确观念，有利于进一步解放和发展生产力，进一步解放和增强社会活力。紧紧围绕使市场在资源配置中起决定性作用深化经济体制改革，将开创我国改革开放的崭新局面。

二 市场决定性作用的内涵和实践意义

为什么要使市场在资源配置中起决定性作用?

市场有多种含义，这里说的市场，是指以商品等价交换为准则的经济活动方式，即市场经济。市场经济是人类文明发展的共同成果。商品生产和商品交换作为市场经济的原始形态在世界各国古已有之，只是到资本主义产生后，简单商品经济才发展成为近代市场经济，并极大地促进了生产力发展。1848年马克思和恩格斯在《共产党宣言》中说："资产阶级在它的不到一百年的阶级统治中所创造的生产力，比过去一切世代创造的全部生产力还要多，还要大。"之所以如此，就是因为资产阶级革命清除了封建社会制度束缚市场经济发展的障碍；而正是市场经济的发展催生了人类历史上第一次工业革命，使机器大工业和社会化生产得以迅速发展。自1848年至今160多年间，全球创造的生产力更是大大超过历史上所创造的全部生产力。全球生产力的这种巨大发展，应归因于经济全球化所带动的市场经济在全球的发展。历史和现实表明，与其他经济体制相比，市场经济是资源配置最有效率的体制，也是发展生产力和实现现代化的最优途径。

所有经济活动最根本的问题，就是如何最有效地配置资源。所谓资源配置，指的是各种生产资源如何用于各种商品的生产，以及所生产的商品如何分配到各生产要素所有者。

资源配置的不同方式，会产生不同的配置效率。市场经济之所以能够使资源配置以最低成本取得最大利益，是因为在市场经济体制下，有关资源配置和生产的决策是以价格为基础的，而由价值决定的价格，是生产者、消费者、工人和生产要素所有者之间在市场自愿交换中发现和形成的。市场决定资源配置的优势在于：作为市场经济基本规律的价值规律，具有通过市场交换形成分工和协作的社会生产的机制，通过市场竞争激励先进、鞭策落后和优胜劣汰的机制，通过市场价格自动调节生产（供给）和需求的机制，从而可以引导资源配置符合价值规律以最小投入（费用）取得最大产出（效益）的要求。因此，市场决定资源配置的本质要求，是在经济活动中遵循和贯彻价值规律。使市场在资源配置中起决定性作用，其实质就是让价值规律、竞争和供求规律等市场经济规律在资源配置中起决定性作用。

市场决定资源配置是市场经济的一般规律，我国经济体制改革总体上是遵循这一规律不断深化的，因而能够推动经济社会发展取得震惊世界的辉煌成就。我国的实践证明，社会主义和市场经济能够成功结合。市场经济为社会主义注入蓬勃生机和发展活力，社会主义为市场经济开辟崭新境界和广阔前景。社会主义和市场经济都不是僵化不变的，而是能动的、不断向前发展的。社会主义市场经济体制的巨大优越性和强大生命力就在于：它不仅能够将社会主义和市场经济两者的优势结合在一起，而且留有很大空间，可以随着实践和认识的发展，通过深化改革不断优化这种结合。提出使市场在资源配置中起决定性作用，就是从理论上和实践上对这种结合新的重大发展。

从我国经济发展的实践要求看，改革开放35年来，随着市场化改革的不断深入，我国绝大多数经济领域的资源配置已基本上通过市场进行。但是，在各个经济领域，在生产、建设、流通、消费各个环节，资源配置违背价值规律要求导致资源低效配置乃至严重浪费的现象还十分普遍。其根本原因在于现行经济体制仍然存在不少束缚市场主体活力，以及干扰、阻碍市场和价值规律起决定性作用的体制机制弊端。《决定》明确指出，要“着力解决市场体系不完善、政府干预过多和监管不到位问题”“必须积极稳妥从广度和深度上推进市场化改革，大幅度减少政府对资源的直接配置，推动资源配置依据市场规则、市场价格、市场竞争实现效益最大化和效率最优化”。按照使市场在资源配置中起决定性作用的要求，全面贯彻落实《决定》提出的深化经济体制改革各项部署，对于建立完善的社会主义市场经济体制，激发全社会创业、创新、创造活力，加快转变经济发展方式，促进经济持续健康发展，具有重大现实意义。

第一，有利于最大限度激发各类市场主体创业、创新活力。企业是市场经济的细胞，是创业、创新的主体，是整个经济生机活力和蓬勃发展的基础。而平等的市场准入和产权保护、公平的竞争条件和营商环境，是市场主体焕发生机活力的根本保证。现在束缚市场主体创业、创新活力的体制障碍，主要是对民营企业的不公平待遇，阻碍民间投资的“玻璃门”“弹簧门”仍然存在；竞争性经济领域的投资审批，既不利于市场机制发挥优胜劣汰的功能，也造成对民营资本的“挤出”效应；一些领域存在明显或变相的行政性垄断，妨碍公平竞争，公用事业和社会事业领域存在准入壁垒，导致大量民间资本不得不拥挤在竞争性经济领域，加剧一些行业产能过剩。科技体制中政府与市场定位不清，妨碍企业成为技术创新主体。政府一方面对企业技术创新过度干预，拔苗助长，不利于激发企业内生动力；另一方面在为创新营造良好环境方面又作为不够，对知识产权保护不力，人才评价机制不够合理。解决体制机制中这些妨碍各类市场主体发挥创业、创新积极性问题，关键是要在经济领域依据市场规则、市场价格、市场竞争进行资源配置。

马克思主义认为，生产力是一切社会发展的最终决定力量。人是生产力中最重要的因素。我国是有13亿多人口的发展中大国，人口超过美、日、欧等发达国家和地区人口的总和，发展需求和潜力也大得多。这么多人的就业、创业，这么多需求的满足，这么多经济、社会建设事业的发展，这一切都必须依靠最广泛、最充分地调动全社会所有人的积极性、主动性和创造性。使市场在资源配置中起决定性作用，归根到底是要进一步解放对生产力发展的所有束缚，让一切劳动、知识、技术、管理、资本的活力竞相迸发，让一切创造社会财富的源泉充分涌流，让发展成果更多更公平惠及全体人民。

第二，有利于加快我国经济转型升级。我国经济结构不合理，粗放型经济发展方式转变迟缓，当前不少行业产能过剩、效益下降，究其原因，同政府对经济干预过多和干预不当、妨碍市场起决定性作用有很大关系。例如，政府定价或管制的价格仍然较多，电力、成品油、天然气等重要商品价格形成的行政性管制特征明显，利率尚未实现市场化，资本市场体系不完善，金融机构多元化程度偏低，城乡建设用地市场不统一，户籍制度限制城乡人口流动，等等，这些问题导致多种要素价格不能真实反映资源稀缺程度和供求关系变化。与此同时，财税体制不够合理，党政干部政绩考核过于看重GDP增长率，助长地方追求速度型经济增长，以及上项目、铺摊子的投资冲动，加剧重复建设和产能过剩；政府以不当方式直接干预资源配置，如以低地价供地、税收减免、财政补贴等方式招商引资等，也扭曲要素价格、干扰市场机制作用，误导资源配置。根据使市场在资源配置中起决定性作用的要求深化相关改革，是加快转变经济发展方式，推动经济更有效率、更加公平、更可持续发展的关键举措。

第三，有利于建设高效廉洁的服务型政府。现在政府治理与市场功能的边界不够清晰，政府越位与缺位并存。政府仍然管了许多不该管、管不了、也管不好的事情：一方面将过多时间和精力用在审批项目、招商引资等直接干预微观经济事务上，导致政府在市场监管、社会管理、公共服务等方面的缺位；另一方面政府对社会事务包揽过多，没有充分发挥社会力量参与社会管理和提供公共服务的作用，不仅影响社会管理效率和公共服务供给，也导致政府成为这些方面矛盾的焦点。因此，使市场在资源配置中起决定性作用：凡是市场和企业能解决的，放给市场和企业；凡是社会中介组织能承担的职能，交给社会中介组织。这不仅有利于政府真正转变职能，把重点转到加强市场监管、增强公共服务和维护社会公平正义上来，而且有利于铲除滋生公职人员受贿、权钱交易等腐败现象的土壤和根源。二十世纪八九十年代，重要物资和外汇等双轨制，党政机关经商办企业，都曾经是腐败现象的多发高发领域，后来通过改革从体制和制度上解决了这些问题，相关领域滋生腐败的那些土壤就被铲除了。现在政府审批投资项目和直接干预微观经济活动，同样存在权力寻租的机会，因而也导致腐败问题多发高发。使市场在资源配置中起决定性作用，大幅度减少政府对资源的直接配置，是抑制和消除腐败现象的治本之策。

第四，有利于构建开放型经济新体制。国内改革和对外开放相辅相成、相互促进，是35年来我国一条成功经验。对外开放不仅使我国得以充分利用国际市场和国外资源有力推动国内发展，而且为国内改革提供了发展市场经济的经验、规则借鉴，成为促进改革的重要动力和活力源泉。我国和其他新兴市场经济体是经济全球化和贸易投资自由化的很大受益者。国际金融危机以来，世界经济深度调整，各个领域包括贸易投资规则的竞争更趋激烈。主要发达国家正在推动新一轮贸易投资自由化谈判，涵盖环境保护、竞争中立、政府采购、电子商务、劳工标准等所谓“21世纪新议题”，具有领域广、标准高、影响大等特点。正在开展的中美投资协定谈判，焦点问题是要求我国改变现行的外商投资逐案审批制和产业指导目录方式，实行准入前国民待遇和负面清单管理方式。这些既涉及市场准入，又涉及体制改革，要求我们加快改革投资管理模式和制度创新，建立统一、公平、透明的投资准入体制，使微观主体获得更大的自主投资权限，使政府部门从项目审批向反垄断和安全审查等宏观管理职能转变。从对外开放范围看，我国与世界主要经济体的差距，主要在服务业领域开放。据世界银行研究，我国服务业开放水平在103个参与排名的国家中仅列第77位。服务业是我国经济的短板，也是今后我国经济发展的重要潜力所在。推进金融、教育、文化、医疗等服务业领域有序开放，放开相关领域投资准入限制，这有利于引入竞争，加快我国服务业发展。总之，使市场在资源配置中起决定性作用，才能适应新一轮国际贸易投资自由化形势的要求，构建开放型经济新体制，推动我国更高质量、更高水平的对外开放，在广度和深度上进一步融入经济全球化。

三 全面认识市场作用和政府作用的关系

发展社会主义市场经济，既要发挥市场在资源配置中的决定性作用，也要发挥政府的经济职能和重要作用。《决定》对更好发挥政府作用提出了明确要求，强调指出“科学的宏观调控，有效的政府治理，是发挥社会主义市场经济体制优势的内在要求”“政府的职责和作用主要是保持宏观经济稳定，加强和优化公共服务，保障公平竞争，加强市场监管，维护市场秩序，推动可持续发展，促进共同富裕，弥补市场失灵”。

西方古典经济学创始人亚当·斯密主张自由放任的市场经济，由市场这只“无形的手”使资源得到合理配置，政府只承担“守夜人”职能。这主要是因为亚当·斯密生活在资本主义市场经济早期，未能看到它由于内在矛盾发展而产生的重大变化：从1825年起，几乎每隔10年就发生一次周期性经济危机；自由竞争引起资本积聚和集中进而产生垄断；特别是1929年世界性严重经济危机，导致20世纪30年代全球经济大萧条。在此大背景下，英国经济学家凯恩斯在1936年创立了宏观经济学理论，主张当经济周期处于衰退阶段或繁荣阶段时，由政府分别实施扩张性或紧缩性财政政策，以及通过货币政策传导机制，调节消费和投资，进而影响总需求和总产出。第二次世界大战后，各市场经济国家在市场决定资源配置的同时，普遍实行不同方式的政府干预，包括宏观经济管理（宏观调控）和微观经济规制（市场监管）。政府干预不是要弱化或取代市场作用，而是要弥补市场失灵，并为市场有效配置资源和经济有序运行创造良好环境。

在西方发达国家，政府干预的对象是市场功能充分发挥的成熟市场经济，与之不同的是，市场经济在我国从未得到充分发展；我国经济体制改革的起始点，不是自由竞争和发达的市场经济，而是政府高度干预的计划经济；当前改革开放所要解决的主要问题，也仍然是进一步发挥市场机制作用，解决政府对经济干预过多、干预不当和监管不到位问题，因此提出使市场在资源配置中起决定性作用。但这绝不是说市场是万能的、可以把一切交给市场、所有领域都市场化，更不是认为政府对市场可以撒手不管。《决定》强调“坚持社会主义市场经济改革方向”，说明我国的市场化改革是坚持中国特色社会主义方向的经济市场化。市场在资源配置中起决定性作用，并不是起全部作用。市场经济是法治经济，也是讲道德、讲诚信的经济，市场主体的经济行为，不仅受利己动机和竞争压力约束，而且要受法律、法规职业道德和社会公德约束。因此，政府“有形的手”有效配合市场“无形的手”发挥作用，才能保证市场经济健康发展。

我国有党的统一领导，可以制定体现市场经济规律和人民利益要求的经济社会发展规划，并动员、组织全国人民为之实现而奋斗；可以从中国实际出发，借鉴国际经验，根据经济形势变化，实施正确宏观经济政策，引导经济发展。实践证明，党的正确和强有力领导，政府的有效宏观调控和积极有为，是我国社会主义市场经济体制的独特优势。改革开放35年来，我国经济社会发展之所以能够取得历史和全球罕见的巨大成就，这同我们党和政府在推动改革开放和发展、维护发展环境稳定方面所发挥的作用是分不开的。在这个进程中，我国宏观调控和政府治理，也积累了包括成功应对亚洲金融危机和国际金融危机在内的丰富经验。这些经验是今后应当坚持并在实践中不断发展的。其中一条重要经验，就是以国家发展战略和规划为导向，正确运用财政政策和货币政策等宏观经济政策手段，调节总需求和总供给水平，防范财政、金融的系统性风险，防止经济周期性大幅波动，保持宏观经济稳定。同时，由于市场机制作用具有一定的自发性、盲目性，市场主体为获得自身利益最大化有可能与社会利益发生冲突，政府必须加强市场监管，维护市场秩序，解决市场外部性问题，保护生态环境和劳动者、消费者的安全、健康等权益。政府还必须采取反对垄断和不公平竞争的经济性规制，保障竞争公平和消费者利益。尤其重要的是，由于市场机制不能很好地解决公共产品供给和收入分配公平问题，政府必须加强和优化公共服务，推进基本公共服务均等化；维护和规范由市场形成的初次分配秩序，并通过税收、社会保障、转移支付等手段对收入再分配进行合理调节，防止收入分配差距过大，促进共同富裕，维护公平正义和社会稳定。

（本文原载《〈中共中央关于全面深化改革若干重大问题的决定〉辅导读本》；《光明日报》2013年11月29日，《人民日报》2013年12月4日，《新华文摘》2014年第4期转载）

美国对华贸易逆差的宏观分析

（2018年10月16日）

存在巨额对华贸易逆差，是美国单方面挑起贸易战的主要借口。然而，无论从统计口径、计算方法看，还是对比中美两国企业在对方市场的销售总额，美国对华贸易逆差都被大大夸大了。过度消费、储蓄不足是美国贸易逆差形成的根源和逻辑起点，巨额财政赤字是美国贸易逆差形成的重要原因。美国数十年来保持巨额贸易逆差，显然不是被迫之举，而是因为能够从中获得好处。美元作为国际贸易支付手段和储备货币的地位，决定了美国可以借助不断扩大的贸易逆差，一方面源源不断地获得物美价廉的商品，另一方面通过美元回流购买美国国债获得大量廉价资金。科技优势及在全球产业链所处的高端位置，决定了美国在长期保持贸易逆差的同时仍能成为经济全球化的最大受益者。美国挑起贸易战，是逆经济全球化时代潮流、违背经济规律的鲁莽霸道行为，危害世界经济复苏的大好局面，最终也会害了美国自己。今天的中国拥有巨大的国内市场，经济韧性强、回旋余地大，完全有条件、有能力应对任何风险挑战。没有任何力量能够阻止中华民族实现伟大复兴的脚步。

近一段时间，美国蓄意挑起对中国的贸易战，主要借口是美中之间存在巨额贸易逆差，美国吃亏了。那么，中美贸易的实际情况究竟如何？美国长期保持贸易逆差是吃亏还是占便宜，其对华贸易逆差形成的真实原因是什么？美方奉行单边主义和贸易保护主义，对输美商品加征高关税，能否减少贸易逆差？对于这些问题，有必要从宏观经济角度分析清楚。

一 被夸大的美国对华贸易逆差

细加分析不难发现，美方统计口径夸大了美中贸易逆差。美国商务部统计，2017年美国从中国进口货物5056亿美元，向中国出口货物1303.7亿美元，美中货物贸易逆差为3752.3亿美元。而据中国海关统计，2017年中国对美国出口货物4297.5亿美元，从美国进口货物1539.4亿美元，货物贸易顺差为2758.1亿美元，比美方统计的美中贸易逆差少994.2亿美元。中美对双边贸易额的统计历来存在差异，而且差异不断扩大，主要原因如下：一是美国未考虑转口贸易及其加成加价因素，从而夸大了美中贸易逆差。二是美方统计货物进口额按到岸价格计算，包含了从中国口岸到美国口岸所发生的国际运费、保费等，而统计货物出口额按离岸价格计算，不包括上述费用，这种计价方式也夸大了美中贸易逆差。还应指出，中国居民赴美旅游时大量购物，实际上属于美国的货物出口，而按现行国际标准是作为服务统计的。美国商务部经济分析局数据显示，2017年服务贸易旅行项下，中国居民在美国的支出达321.8亿美元。因此，分析美中货物贸易逆差，应考虑美国在服务贸易领域对中国存在巨额顺差这一重要因素。

按照贸易增加值方法核算，美中贸易逆差会大幅度减少。在经济全球化时代，许多商品实际上是多国共同生产的，在一个国家组装，而零部件来自其他国家。众多“中国制造”的零部件和技术来自包括美国在内的全球供应链，中国在加工、组装环节形成的增加值只占最终产品价值的一小部分，却按照最终产品价值全部计算到中国出口额上。这种不合理的计算方法，是夸大美中贸易逆差的又一个重要因素。世界贸易组织和经合组织等从2011年起倡导以“全球制造”新视角看待国际化生产，提出以“贸易增加值核算”方法分析各国参与国际分工的实际地位和收益，并建立了世界投入产出数据库。以2016年为例，据中国海关按照传统贸易总值的统计，中国对美顺差额为2507亿美元；但若根据世界投入产出数据库，从贸易增加值角度核算，中国对美贸易顺差为1394亿美元，较总值方法减少44.4%。更何况，美国禁止其高科技产品和技术向中国出口，是人为扩大美中贸易逆差的重要因素。有研究表明，如果美方撤销对中国的高科技出口禁令，美中贸易逆差可以减少35%左右。

美国在中国的商业利益比出口贸易数据所显示的要大得多。美国出口贸易数据没有包括在中国运营的美国子公司在华销售额及其为母公司创造的大量收入。实际上，美国企业在中国的销售额已大幅度超过美国对中国的出口额。根据美国商务部经济分析局数据，2015年美资（含美资参股）企业在华销售额（包括商品和服务）高达4814亿美元，远高于中资企业在美国256亿美元的销售额，也大大超过美国对华出口额。由于美国企业跨国经营占有突出优势，德意志银行2018年6月的研究报告认为，美国在中美双边贸易中获得了比中国更多的商业净利益。据其计算，2017年美国享有的净利益达203亿美元。因此，评估中美经贸关系，仅看中美货物贸易差额是十分片面的。美国以美中之间存在巨额贸易逆差为借口向中国挑起贸易战，是站不住脚的。

二 美国长期贸易逆差的成因及从中获得的利益

其实，近半个世纪以来，美国在绝大多数年份都是贸易逆差国，其贸易逆差并非因中国而产生，也不会因中国而终结。美国出现货物贸易逆差始于1971年，在到2017年的47年中，除了1973年和1975年，其余年份都是逆差，逆差额逐渐扩大，2017年已达到8075亿美元。作为世界第一大经济体和科技强国，美国数十年来保持巨额贸易逆差，显然不是被迫之举，而是因为能够从中获得好处。

美元作为国际贸易支付手段和储备货币的地位，决定了美国可以借由贸易逆差向全球征收铸币税。第二次世界大战后建立的布雷顿森林体系确定美元与黄金挂钩，其他货币与美元挂钩，确立了美元在国际货币体系中的核心地位。上世纪五六十年代，美国经济危机和美元危机频发，到1971年，布雷顿森林体系崩溃，美元不再与黄金挂钩。但由于美国有发达开放的金融市场，美元流动性强，美元资产收益稳定，加上历史原因，没有其他货币能够取代美元的地位，各国为了发展国际贸易和投资，仍然需要以美元作为主要支付手段和储备货币，这就导致流出美国的美元在海外不断沉积。对美国来说，1971年以后，美元已不再承担稳定国际货币体系的责任，因此可以不顾别国利益而根据自身需要滥发美元，向全球征收铸币税，用以弥补美国持续增加的财政赤字。其渠道就是借助不断扩大的贸易逆差，一方面源源不断地获得物美价廉的商品，另一方面通过美元回流购买美国国债获得大量廉价资金。外国购买美国10年期国债平均收益率为3%左右，而美国跨国公司在海外投资平均收益率比3%高出数倍。大量廉价商品和廉价资金输入，降低了美国物价水平和利率水平，使美国即使在经济繁荣时期也能不受通胀之苦，每个美国家庭每年都能节省不菲的支出。如此看来，贸易逆差不仅没让美国吃亏，反而让美国占了大便宜。占了便宜的美国，回过头来却以贸易逆差为由向别国发动贸易战，显然是揣着明白装糊涂，其意图无非是想用不讲理的办法从别国获取更多利益。

科技优势及在全球产业链所处的高端位置，决定了美国在长期保持贸易逆差的同时仍能成为经济全球化的最大受益国。美国长期居于全球产业链的顶端，在高端芯片等核心技术、高端制造业和金融等高增值服务业上一直占据世界领先甚至垄断地位，因此获取了整个产业链的大部分利润。而广大发展中国家承接的是生产加工组装等低附加值环节，只得到小部分利润。发展中国家出口到美国的货物中，劳动密集型产品和低附加值产品占很大比重。美国可以用少量的高附加值产品交换大量的低附加值产品。所以，认为贸易顺差一方占便宜、贸易逆差一方吃亏，这是一种错误的认知。一国从贸易中获得的收益并非只来源于数量和顺差，更取决于贸易的结构和质量（附加值和利润）。正如国际货币基金组织首席经济学家奥布斯特费尔德所说："双边贸易结构反映的是基于各国比较优势的国际劳动分工""将一国总体贸易顺差等同于贸易福利是错误的，将双边贸易逆差视为从贸易中失利更是错上加错"。在国际贸易中吃亏了的言论从美国人口中发出，实在是非常荒诞和讽刺。

国内储蓄不足、投资大于储蓄的状况，也使美国保持长期贸易逆差具有必然性。统计数据显示，美国贸易逆差与其投资大于储蓄呈现正相关关系。在1971年至2017年的47年中，除了1973年和1975年货物贸易顺差的年份储蓄率（总储蓄占国民总收入的比重）略高于投资率（投资总额占国内生产总值的比重），其余年份都是投资率高于储蓄率。投资率与储蓄率差距越大的年份，贸易逆差也越大。储蓄是指收入没有被消费的部分，投资是指资本存量增加的部分。储蓄等于投资是宏观经济学的一个恒等式。当总储蓄与投资总额存在缺口时，就会出现贸易逆差。大量美元通过贸易逆差流出美国，再通过资本账户回流购买美国国债等美元资产，以弥补美国政府的巨额财政赤字。所以，美国贸易逆差形成的根源和逻辑起点是过度消费、政府和居民储蓄不足，重要原因是美国政府的巨额财政赤字。美国著名经济学家斯蒂格利茨也指出："美国的问题不在于中国，而在于国内储蓄率太低了""如果美国的国内投资仍然高于储蓄，就必须进口资本，并产生巨额贸易逆差"。2017年美国国债总规模达到20万亿美元（其中6万亿美元为外债）。据美国国会预算办公室估算，美国财政赤字到2020年将超过1万亿美元。可见，美国减少贸易逆差的出路不是挑起贸易战，而是提高国内储蓄率，并减少财政赤字和负债规模。

三 美国挑起贸易战危害全世界，是极端不负责任的错误举动

美国政府以美中之间存在巨额贸易逆差为主要借口，对中国输美商品加征高关税，挑起贸易战，这是逆经济全球化时代潮流、违背经济规律的鲁莽霸道行为，危害世界经济复苏的大好局面，最终也会害了美国自己。

美国挑起贸易战会给世界经济发展带来破坏性影响，并将传递到美国，使其自身陷入困境。经济全球化使各国经济联系和互相依存不断加深，进而使各国经济周期互相影响。1929年世界经济大危机爆发后，主要国家纷纷提高关税、构筑贸易壁垒，结果酿成了20世纪30年代的经济大萧条。现在美国的所作所为正在重蹈历史覆辙。据经合组织预计，如果美国发动贸易战引发他国反制，最终将导致全球贸易成本上升10%，全球贸易减少6%。英国央行的模拟研究结果显示，如果美国对所有贸易伙伴都将关税提高10%，美国的

GDP可能会损失2.5%，对世界经济增长则会有超过1%的负面影响。贸易战还会影响通胀率，阻止货币政策正常化，提升长期利率，推高避险情绪，增加全球金融风险。因此，美国挑起贸易战将拖累全球经济，并损害其自身经济增长。

美国挑起贸易战是在使用双刃剑和回旋镖，在伤害贸易伙伴的同时也会伤害自己。首先，贸易战会加重美国消费者负担。对进口消费品加征的关税最终会转嫁到美国消费者头上，并导致物价上涨和消费支出下降。再加上美国已经和拟加征关税的中国产品有很多在美国早已不生产，不从中国进口就只能从别的国家进口性价比低的替代产品。这不仅不会减少美国贸易逆差，反而会进一步增加美国消费者的负担。其次，贸易战会提高美国制造商的成本。美国从中国进口的产品中有37%是中间产品，对进口的中间产品和资本品加征高关税，会提高美国国内制造商的成本。今年8月底、9月初，美国贸易代表办公室多次举行拟对华2000亿美元商品加征关税的听证会，与会绝大多数企业和行业代表反对加税举措，认为这将损害美国企业和消费者利益。

贸易战破坏全球产业链，美国跨国公司也难以幸免。外商投资企业产品在中国对美出口产品中占一半以上，外资企业在中国对美出口100强企业中占七成。美国首批加征关税的340亿美元中国产品中，有200多亿美元产品是在华外资企业生产的，其中美资企业占相当大的比例。美中货物贸易逆差很大一部分是由包括美国企业在内的在华外资企业跨国生产经营造成的。所以，美国挑起贸易战在很大程度上是打击美国及其盟友的企业。贸易战对全球供应链的破坏、对美国跨国公司利益的冲击，都将威胁美国经济增长。

自美国挑起贸易争端以来，中方一直主张通过谈判协商解决，并以最大的耐心和诚意回应美方关切。但美方漫天要价、蛮横霸道、言而无信、极限施压，直到挑起贸易战，中方只能被迫进行反制。应对世界最大经济体挑起的贸易战，当然要准备承受巨大压力和付出必要代价，中国完全有条件、有能力承受这种压力和代价，也有信心变压力为动力、化挑战为机遇。外部压力将倒逼我们更加坚定地做好自己的事情：加快转变发展方式、优化经济结构、转换增长动力，增强科技创新能力，实现高质量发展；上下同心全面深化改革，进一步释放发展活力和动力；以“一带一路”建设为重点推动形成全面开放新格局，以更大开放促改革、促发展。

至于有人想通过贸易战使中国遭受灾难性痛苦，阻挠中国发展，这种企图是不可能得逞的。今天，中国拥有规模巨大的国内市场，而且正在成长、潜力无限，具备转向更大程度依靠消费和内需的条件；中国的储蓄率为美国的两倍多，发展资金充裕，外汇储备雄厚，是少有的资本净输出国和债权国；具有门类齐全的独立工业体系，220多种主要工农业产品生产能力稳居世界第一位，国内市场供应充足，完全有能力稳定物价、稳定市场、稳定金融；中国实行的社会主义市场经济体制，具有市场经济长处和社会主义制度优越性兼备的优势；中国人均收入比发达国家低得多，正处于工业化、信息化、城镇化、农业现代化进程中，经济增长可以保持比发达国家高一倍以上的速度；中国坚定维护并推动改革完善多边贸易体制，坚定实行全面对外开放和贸易投资自由化便利化政策，得道多助，外贸市场多元化有很大拓展潜力；中国的发展从来都不是一帆风顺的，而是在克服一个又一个困难中成长壮大的，具有在困难面前不低头、越是困难越奋发图强的传统和经验。总而言之，中国经济具有韧性强、回旋余地大的巨大优势，有力量有办法抗击来自各个方面的风险挑战。贸易战造成的暂时困难是完全可以克服的，消极悲观的预期是没有根据的。历史将继续证明，没有任何力量能够阻止中国人民实现全面建成社会主义现代化强国的目标，没有任何力量能够阻止中华民族实现伟大复兴的脚步。

（原文载于《人民日报》2018年9月28日）

抓住用好新形势下的新机遇

（2019年5月23日）

去年底召开的中央经济工作会议指出，我国发展仍处于并将长期处于重要战略机遇期。不久前召开的中央财经委员会第四次会议进一步指出，要抓住用好新机遇，加快经济结构优化升级，提升科技创新能力，深化改革开放，加快绿色发展，参与全球经济治理体系变革，更多在推动高质量发展上下功夫。抓住用好新形势下的新机遇，对于我们保持战略定力、集中精力办好自己的事情、有效应对各种风险挑战具有重要意义。

一　抓住机遇的战略思想及其新发展

能否抓住机遇，历来是关系党和人民事业兴衰成败的大问题。革命时期，我们党能在敌强我弱、力量对比十分悬殊的情况下，用不太长的时间就取得了看似不可能的成功，就是因为毛泽东同志领导全党在重大历史关头抓住了历史机遇。新中国成立后，我们党领导人民抓住机遇，在不长的时间里就建立起独立的比较完整的工业体系和国民经济体系，社会主义建设取得重大成就。

改革开放后，中国发展从人均国内生产总值仅有156美元起步，到取得今天这样的伟大成就，也是党领导人民抓住历史机遇推进改革开放的结果。抓住机遇发展自己，是邓小平同志的一贯思想。1990年至1992年初，我国面临的国际环境与之前10年相比明显不利，但邓小平同志在多次谈话中仍然强调，“我们要利用机遇，把中国发展起来”。面对当时错综复杂的国际形势，邓小平同志认为，我们可利用的矛盾存在着，对我们有利的条件存在着，机遇存在着，问题是要善于把握。江泽民同志在党的十四大报告中作出了“现在国内条件具备，国际环境有利，既有挑战，更有机遇，是我们加快发展的好时机”的科学判断。党的十五大报告要求，“全党一定要高度自觉，牢牢抓住世纪之交的历史机遇，迈出新的步伐”。党的十六大报告指出，“二十一世纪头二十年，对我国来说，是一个必须紧紧抓住并且可以大有作为的重要战略机遇期”。胡锦涛同志在党的十七大报告中指出，“当今世界正在发生广泛而深刻的变化，当代中国正在发生广泛而深刻的变革。机遇前所未有，挑战也前所未有，机遇大于挑战”。党的十八大报告指出，“综观国际国内大势，我国发展仍处于可以大有作为的重要战略机遇期”。正是立足于对世界和中国发展态势的科学判断，我国充分利用国际国内有利时机，实现了经济社会持续快速发展。

党的十八大以来，习近平同志反复强调，我国发展仍处于重要战略机遇期。去年底召开的中央经济工作会议作出“我国发展仍处于并将长期处于重要战略机遇期”的重大战略判断，强调“世界面临百年未有之大变局，变局中危和机同生并存，这给中华民族伟大复兴带来重大机遇。要善于化危为机、转危为安，紧扣重要战略机遇新内涵，加快经济结构优化升级，提升科技创新能力，深化改革开放，加快绿色发展，参与全球经济治理体系变革，变压力为加快推动经济高质量发展的动力”。这是根据世界大变局的长期趋势、运用辩证思维对我国发展的重大机遇作出的科学判断，是对“抓住机遇发展自己”和“重要战略机遇期”思想的坚持和发展，对我们抓住用好重大机遇实现“两个一百年”奋斗目标、实现中华民族伟大复兴的中国梦具有战略指导意义。

二 抓住用好五个方面的新机遇

加快经济结构优化升级的新机遇。当前，全球新一轮科技革命和产业变革蓬勃兴起，与我国加快转变经济发展方式形成历史性交汇，既带来压力和挑战，也带来动力和机遇。我国在经济高速增长阶段，经济规模扩张很快，但经济结构调整优化滞后于需求结构的变化和升级，制造业基本上停留在中低端水平，高端产品与服务供给不足，不能满足经济高质量发展和人民日益增长的美好生活需要。同时，制造业综合成本快速上升，国际竞争力减弱，原来要素低成本、资源高投入的增长方式已经难以为继。近几年，发达国家推进再工业化、吸引高端制造业回流，一些新兴市场国家利用比较优势吸引中低端制造业向其转移，对我国形成前堵后追的挤压，倒逼我们必须加快经济结构优化升级。应当看到，我国拥有完整的工业体系和日益完善的基础设施，拥有数量巨大、素质较高的人力资源，特别是拥有近14亿的人口规模和世界上最大规模的中等收入群体，消费结构持续升级正在形成强大国内市场，因而，我国完全有条件抓住用好结构优化升级的新机遇，加快培育壮大新产业、新业态、新模式，改造提升传统产业，促进实体经济转型升级，构建起推动高质量发展和面向未来的现代化经济结构。

提升科技创新能力的新机遇。科技是第一生产力，创新是第一动力。目前，全球科技创新进入活跃期，科技前沿创新成果层出不穷，为我国提升科技创新能力提供了新机遇。经过多年努力，我国科技创新正在从过去的以跟跑为主转向在更多领域并跑、领跑。我国创新能力的一些指标，如研发投入占GDP比重、国际科技论文总量和专利申请量等已和创新型国家接近或相当，具备进一步提升创新能力的基础和条件。现在，美国严格限制向我国出口技术，阻碍相关科技人才交流活动，这虽然会给我们带来困难，但也会激发和倒逼我们奋起追赶、缩小差距。我国在人工智能、量子通信、生物科学、第五代移动通信技术等前沿领域已有很好基础，有的同发达国家处在同一起跑线上。我国有近9亿劳动力，其中超过1.7亿人受过高等教育或拥有各类专业技能，还有1亿多个市场主体，蕴藏着巨大的创新潜能。恩格斯说："社会一旦有技术上的需要，则这种需要就会比十所大学更能把科学推向前进。"我国经济高质量发展和推进社会主义现代化对于科技创新的需要，比任何时候、任何国家都要大得多，巨大而且不断增长的市场需求是科技创新的不竭动力。我国实行社会主义市场经济体制，既可以发挥新型举国体制优势加强基础科学研究，又可以发挥市场优势激发亿万主体加强应用技术研究。我国有完整的工业体系和比较完善的基础设施，具备提升科技创新能力的支撑条件。得益于人口规模巨大和网上支付、购物等线上服务领先发展，我国已成为拥有大数据优势的国家。据国际数据公司预测，2018—2025年，中国的数据圈将以30%的年平均增速领先全球。由于信息日益成为全球经济赖以运行的“石油”，拥有大数据优势使我国有能力在人工智能的创新、应用等方面走在世界前列，并形成发展经济的新模式。这些有利因素使我国完全有条件抓住用好提升科技创新能力的新机遇，在关键核心技术创新上取得突破。

深化改革开放的新机遇。国际国内形势的变化对改革开放提出了新的更高要求，这既是压力和挑战，也是动力和机遇。从国际看，经济全球化进入新阶段，国际经济、科技竞争空前激烈，发达国家力推的国际贸易和投资新规则涉及知识产权、市场准入、关税、政府补贴以及国企、环境、劳工等新议题。这既要求我们把对外开放提高到新水平，更要求国内深化改革取得新突破。从国内看，经济运行的主要矛盾仍然是供给侧结构性矛盾：实体经济供给结构不适应需求结构变化，优质产品与服务供给不足与一些行业产能过剩并存；金融资源错配，杠杆率上升与实体经济融资难融资贵并存；房地产市场与实体经济失衡，国民经济尚未实现良性循环。解决经济运行主要矛盾的治本之策在于推进供给侧结构性改革，使市场在资源配置中起决定性作用和更好发挥政府作用，深化要素市场化配置改革，最大限度减少政府对资源的直接配置和不当干预。从近期看，缓解经济下行压力、稳定经济增长的关键在于深化产权制度改革，实现产权有效激励，充分调动亿万市场主体的积极性、主动性、创造性。面向未来，全面完成党的十八届三中全会提出的到2020年的改革任务，时间紧、任务重；开启全面建设社会主义现代化国家新征程，更要求加快推进国家治理体系和治理能力现代化。形势逼人，亟须改革开放取得新的重大突破，这也是难得的历史机遇。抓住机遇，让改革之路走得更快、开放之门开得更大，就能以改革开放新突破推动社会生产力实现大跃升。

加快绿色发展的新机遇。党的十八大以来，以习近平同志为核心的党中央把绿色发展作为新发展理念的重要内容，把生态文明建设纳入“五位一体”总体布局，我国进入推动绿色发展、加强生态文明建设决心力度最大、政策措施最实、进展成效最好的时期。也应看到，长期积累的生态环境问题依然突出，生态环境质量尚未根本好转，生态文明建设法律法规、制度建设和基础工作还需加强。加快绿色发展之所以是新机遇，是因为它不仅是迫切需要，而且具有比以往更好的条件。从客观的迫切要求看，适应我国社会主要矛盾转化，满足人民对洁净的水、清新的空气等良好生态环境的需要，是亟待加强的短板；适应我国经济发展阶段变化，绿色发展是经济高质量发展的重要内容和动力。从发展条件看，我国现在财力物力比较雄厚，有条件增加投入、加快绿色发展步伐。在充分考虑我国承受能力并留足发展空间的前提下，完全可以加大生态文明建设力度。绿色发展是我国之必需，也是当今世界之潮流。绿色、健康、智能已成为全球科技创新的主流方向，智能技术快速发展为绿色低碳循环和共享经济模式创造了前所未有的条件。我国抓住用好加快绿色发展的新机遇，包括加强和拓展这个领域的国际合作与发展空间。绿色发展将逐渐成为我国经济发展的主流形态。

参与全球经济治理体系变革的新机遇。全球治理格局取决于国际力量对比，全球治理体系变革源于国际力量对比变化。美国等西方国家主导的全球经济治理体系是第二次世界大战后建立起来的。近几十年来尤其是21世纪以来，一大批新兴市场国家和发展中国家快速崛起，其经济总量占全球的比重已从50年前的约25%发展到现在的近40%，在国际贸易和投资中的占比大幅上升。然而，全球经济治理体系变革明显滞后于国际经济格局的变化。国际金融危机及随后全球经济、贸易增长的低迷，暴露了全球经济治理体系在防范金融风险、培育经济发展新动能以及调节收入分配差距等方面的缺陷。尤其是随着气候变化、网络安全、难民危机、饥荒疫情、贸易和投资保护主义、主要国家宏观政策协调、国际金融及经济稳定等全球性问题日益增多，加强全球经济治理、推动全球经济治理体系变革已成为大势所趋。经过新中国成立70年尤其是改革开放40多年的发展，我国日益走近世界舞台中央，全球大变局和中华民族从富起来走向强起来进程的历史性交汇，为我国参与全球经济治理体系变革带来了新机遇。我国积极推动构建人类命运共同体，坚持共商共建共享原则，提出完善全球经济治理体系的中国主张，并以扩大对外开放、推进“一带一路”建设的实际行动推动经济全球化朝着更加开放、包容、普惠、平衡、共赢的方向发展。我国积极参与推动世界贸易组织改革，维护多边贸易体制的核心价值和主渠道地位，保障发展中成员的发展利益，遵循协商一致的决策机制，促进贸易和投资自由化便利化。这些努力有利于更好维护我国和发展中国家共同利益，有利于推动建设开放型世界经济，有利于为我国发展营造更加有利的国际经济环境，并为全球经济繁荣发展作出更大贡献。

（本文原载《人民日报》2019年5月23日，《新华文摘》2019年第19期转载）